Em caso de perda, por favor, retorne para:

....

....

....

Como recompensa: ....

RECEITA
PREVISÍVEL

AARON ROSS & MARCELO AMARAL

WORKBOOK

RECEITA
PREVISÍVEL

Um **guia** passo a passo
para **implementar** a **metodologia**
de Receita Previsível na sua empresa

2ª reimpressão

autêntica
BUSINESS

EDITOR
Marcelo Amaral de Moraes

EDITORA ASSISTENTE
Luanna Luchesi

REVISÃO TÉCNICA E PREPARAÇÃO DE TEXTO
Marcelo Amaral de Moraes

REVISÃO
Luanna Luchesi

PROJETO GRÁFICO
Diogo Droschi

DIAGRAMAÇÃO
Guilherme Fagundes

Dados Internacionais de Catalogação na Publicação (CIP)
(Câmara Brasileira do Livro, SP, Brasil)

Ross, Aaron
   Workbook Receita Previsível : um guia passo a passo para implementar a metodologia de Receita Previsível na sua empresa / Aaron Ross, Marcelo Amaral de Moraes. -- 1. ed. ; 2. reimp. -- São Paulo : Autêntica Business, 2024.

   ISBN 978-65-5928-067-4

   1. Administração de vendas 2. Gestão de vendas 3. Negociação em vendas 4. Vendas *outbound* 5. Sucesso nos negócios 6. Vendas - Técnicas 7. Vendas e vendedores. I. Moraes, Marcelo Amaral de. II. Título.

21-65904   CDD-658.81

Índices para catálogo sistemático:
1. Administração de vendas 658.81
Maria Alice Ferreira - Bibliotecária - CRB-8/7964

A **AUTÊNTICA BUSINESS** É UMA EDITORA DO **GRUPO AUTÊNTICA**

São Paulo
Av. Paulista, 2.073 . Conjunto Nacional
Horsa I . Sala 309 . Bela Vista
01311-940 . São Paulo . SP
Tel.: (55 11) 3034 4468

Belo Horizonte
Rua Carlos Turner, 420,
Silveira . 31140-520
Belo Horizonte . MG
Tel.: (55 31) 3465 4500

www.grupoautentica.com.br
SAC: atendimentoleitor@grupoautentica.com.br

SUMÁRIO

1ª ETAPA | ENTENDER O QUE É A METODOLOGIA DE RECEITA PREVISÍVEL E TOMAR A DECISÃO DE PROSSEGUIR

2ª ETAPA | PREPARAR A SUA MÁQUINA DE VENDAS PARA IMPLEMENTAR A METODOLOGIA DE RECEITA PREVISÍVEL

3ª ETAPA | IMPLEMENTAR O PROCESSO DE *COLD CALLING 2.0* DE RECEITA PREVISÍVEL

Aaron Ross

Desde a primeira publicação do *Receita Previsível*, inúmeros empresários e líderes de vendas disseram que o livro transformou, fez crescer ou salvou seus negócios.

Uma das coisas que os leitores mais apreciaram no livro foi o fato de que ele apresenta muitas táticas e informações práticas específicas. Quase como um manual, em alguns aspectos, mas sem espaço para que as pessoas pudessem escrever seus próprios comentários e planejar a sua própria máquina de vendas nas páginas do livro.

Queríamos colocar mais ferramentas nas mãos dos leitores para que eles pudessem tornar os conceitos do *Receita Previsível* mais adequados e úteis aos seus próprios negócios, independentemente do setor em que atuam.

Então, surgiu a ideia! Que tal criar um *workbook* de implementação da metodologia de Receita Previsível?

Graças ao trabalho do Marcelo e de sua equipe editorial, agora você tem esse guia em suas mãos! Contudo, este *Workbook*, assim como o livro *Receita Previsível* (ou qualquer outra metodologia), não é uma solução mágica. Trata-se de uma demonstração de sua coragem para seguir em frente, apesar dos receios, das incertezas e das dúvidas que encontrarão formas de se infiltrarem no seu negócio, por mais previsível que ele seja.

Use este *Workbook* para pegar as ideias da metodologia de Receita Previsível e adaptá-las à sua própria realidade. E lembre-se: você só não cometerá erros se desistir ou se parar de aprender.

Marcelo Amaral de Moraes

Milhares de empresas e profissionais têm se beneficiado da metodologia de Receita Previsível desde que o livro foi lançado. No entanto, muitas pessoas têm dúvidas sobre como implementar o processo, por onde começar, o que fazer na sequência; em suma, dúvidas sobre como colocar em prática essa poderosa estratégia de vendas.

Pensando em sanar essas dúvidas, convidei Aaron Ross para escrevermos juntos o *Workbook de Receita Previsível*, um guia sobre como utilizar a *cold calling 2.0* no seu negócio e alavancar seus resultados. Por meio de atividades orientadas, o *Workbook* ajudará você a implementar a metodologia de vendas *outbound* na prática e da forma correta.

O *Workbook* está organizado em três partes. A primeira ajudará você a compreender melhor os conceitos fundamentais da metodologia e a tomar a decisão sobre prosseguir ou não com a implementação. Na segunda parte, vamos orientar você sobre como montar a sua "máquina de vendas", reunindo os processos, as tecnologias e as pessoas necessárias para fazê-la funcionar. Na terceira e última parte elaboramos atividades que o ajudarão a executar os 5 passos da metodologia.

O êxito de sua nova "máquina de vendas" dependerá de muitos elementos que estão fora do alcance da metodologia e da sua própria empresa, mas, se você se dedicar realmente à execução das 17 atividades propostas neste *Workbook*, as suas chances de obter os resultados com os quais sempre sonhou serão muito maiores.

Sucesso e bons negócios!

O QUE É O *WORKBOOK DE RECEITA PREVISÍVEL* E **COMO USÁ-LO**

O *Workbook de Receita Previsível* é, como o próprio nome sugere, o caderno de atividades para que você possa implementar a metodologia revolucionária de vendas *outbound* no seu negócio e obter resultados cada vez melhores e mais previsíveis.

Este material foi totalmente desenvolvido em consonância com a 2ª edição do livro *Receita Previsível*. Portanto, para você conseguir extrair o melhor das atividades aqui propostas, o ideal é que você tenha o livro-texto sempre em mãos quando for realizá-las, para que seja possível reler os capítulos e tirar as dúvidas que surgirem.

Este *Workbook* está estruturado na forma de atividades. Essas atividades seguem a ordem do livro-texto e estão na sequência sugerida de implementação. No entanto, dependendo do estágio em que a sua empresa se encontra e dos recursos humanos e tecnológicos dos quais você dispõe, é possível que você já tenha realizado, em parte ou na totalidade, algumas das atividades propostas. Mesmo assim, não deixe de fazer os exercícios, nem que seja para aprimorar o processo que você já realiza.

As atividades foram estruturadas para ajudar você a colocar em prática aquilo que a metodologia do livro *Receita Previsível* sugere. Algumas atividades exigirão mais tempo para serem realizadas e podem depender de outras pessoas, além de você, para que sejam executadas. Isso dependerá basicamente do porte da sua empresa e do setor em que ela atua.

É necessário que você tenha em mente que implementar a metodologia de Receita Previsível exigirá tempo, esforço e recursos. Portanto, você deve estabelecer um prazo para cumprir todas as atividades aqui propostas, que pode variar de três meses a um ano, dependendo dos recursos disponíveis e do esforço empregado. O importante é que, depois de iniciar a implementação, você persevere e vá até o final, pois a recompensa virá.

Coloque este *Workbook* na sua pasta ou mochila que você usa para trabalhar. Leve-o sempre com você. Esse simples hábito fará com que você esteja sempre em contato com o processo de implementação da metodologia de Receita Previsível e o tornará cada vez mais capacitado e competente para lidar com os desafios que possam surgir ao longo dessa jornada. O material foi projetado para que você também tenha espaço para anotar suas próprias ideias, *insights*, esboços, gráficos, enfim; ele será sua principal ferramenta para ajudá-lo, inspirá-lo e mantê-lo focado no seu objetivo de sucesso.

O *Workbook* é composto por 17 atividades. Em cada uma delas, há uma pequena introdução para relembrá-lo de alguns conceitos e um tópico denominado "Colocando em prática", que apresenta as orientações sobre o que deve ser feito para implementar aquela parte da metodologia no seu negócio. No entanto, o *Workbook* não substitui o livro. Os conceitos, métodos, exemplos e estudos de caso do livro-texto são responsáveis por proporcionar a você o conhecimento necessário para usar este material. Por isso, eles devem ser usados sempre juntos.

Por fim, este *Workbook* foi criado para ajudar aos milhares de profissionais e empresas que leram o livro *Receita Previsível*, mas, ainda assim, precisavam de uma orientação mais prática e mais objetiva para implementarem de forma bem-sucedida a metodologia de Receita Previsível em suas empresas.

1ª ETAPA

ENTENDER o que é a **METODOLOGIA** de Receita Previsível e tomar a decisão de **PROSSEGUIR**

Descobrir em qual fase de crescimento sua empresa está

No **Capítulo 2** do livro *Receita Previsível* (2ª edição), "De onde vieram os US$100 milhões da Salesforce.com?", falamos sobre o problema de irregularidade das *hot coals* que a maioria das empresas enfrenta para conseguir crescer de forma sustentável. A passagem da fase de crescimento orgânico (A) para a fase de crescimento proativo (C), normalmente, é demorada e cheia de altos e baixos. E essa mudança só acontecerá se a equipe de gestão e a Direção da empresa tiverem o mesmo nível de compreensão sobre os princípios fundamentais que regem a receita previsível, e se tiverem ciência de que não se trata apenas de uma mera contratação de mais vendedores!

COLOCANDO EM PRÁTICA

1.1. Releia o **Capítulo 2** (📖 p. 40) do livro *Receita Previsível* (2ª edição).

1.2. Reveja o gráfico a seguir.

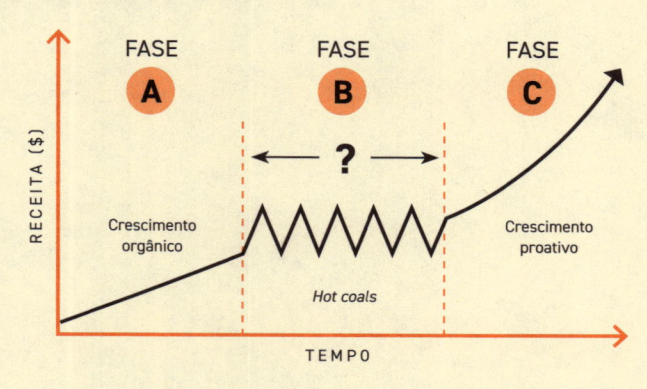

1.3. Faça o esboço de um gráfico de crescimento da sua própria empresa e identifique em qual das fases (orgânico, *hot coals*, proativo) ela está.

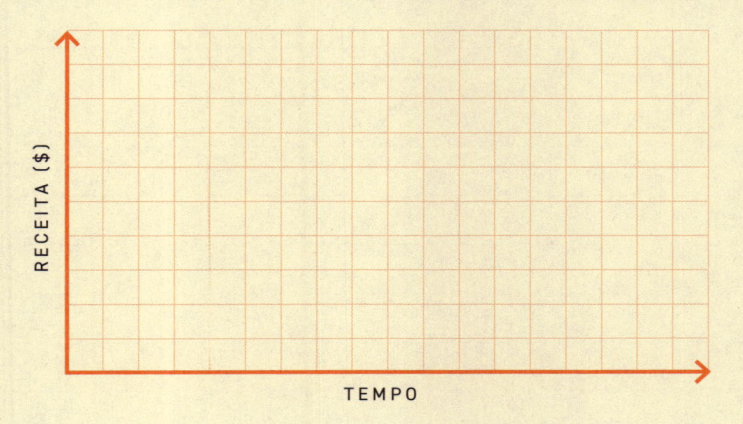

1.4. Em qual fase de crescimento a sua empresa se encontra?

_____

_____

1.5. Quais são, na sua opinião, os principais motivos para isso acontecer?

! MOTIVO 1 _____

_____

_____

! MOTIVO 2 _____

_____

_____

! MOTIVO 3 _____

_____

_____

"O orgulho já impediu você de fazer alguma coisa importante para a sua felicidade ou para o seu futuro?"

AARON ROSS

Fazer uma análise crítica da Direção da empresa

No **Capítulo 12** do livro *Receita Previsível* (2ª edição), "Os sete erros fatais que CEOs e Diretores de Vendas cometem", falamos sobre os erros mais comuns e relevantes cometidos pelos principais executivos da empresa que, em grande parte, comprometem a geração de *leads* e, consequentemente, a receita.

Implementar a metodologia de Receita Previsível exigirá uma mudança de cultura e, para que isso aconteça, exigirá o comprometimento do CEO e do Diretor de Vendas.

A atividade a seguir tem o objetivo de fazer você refletir sobre os erros abordados no **Capítulo 12**, identificar se eles ocorrem ou não na sua empresa e em qual intensidade, e o que você deve e/ou pode fazer a respeito.

COLOCANDO EM PRÁTICA

2.1. Releia o **Capítulo 12** (p. 260) do livro *Receita Previsível* (2ª edição).

2.2. Nas questões a seguir, avalie cada um dos erros, levando em consideração:

- ✓ Se o erro acontece na sua empresa.

- ✓ Em que medida o erro acontece.

- ✓ Quais são os principais motivos para que o erro aconteça.

- ✓ O que você pode fazer para eliminar ou minimizar o erro.

 **ERRO FATAL 1** *Não tomar para si a responsabilidade sobre a geração de vendas e leads.*

Em que medida esse erro acontece na sua empresa?

( ) **Isso nunca** acontece.

( ) **Às vezes** isso acontece.

( ) **Frequentemente** isso acontece.

( ) **Isso sempre** acontece.

Quais são, na sua opinião, os principais motivos para isso acontecer?

! MOTIVO 1 _____

_____

! MOTIVO 2 _____

_____

! MOTIVO 3 _____

_____

O que você pode fazer para eliminar ou minimizar esse erro?

PRAZO	AÇÕES
Curto prazo (até 3 meses)	_____ _____
Médio prazo (3 a 6 meses)	_____ _____
Longo prazo (6 a 12 meses)	_____ _____

B ERRO FATAL 2 *Achar que os Executivos de Contas devem fazer prospecção de novas contas.*

Em que medida esse erro acontece na sua empresa?

( ) Isso **nunca** acontece.

( ) **Às vezes** isso acontece.

( ) **Frequentemente** isso acontece.

( ) Isso **sempre** acontece.

Quais são, na sua opinião, os principais motivos para isso acontecer?

! MOTIVO 1 _____
_____

! MOTIVO 2 _____
_____

! MOTIVO 3 _____
_____

O que você pode fazer para eliminar ou minimizar esse erro?

PRAZO	AÇÕES
Curto prazo (até 3 meses)	
Médio prazo (3 a 6 meses)	
Longo prazo (6 a 12 meses)	

Supor que os canais farão a venda por você.

Em que medida esse erro acontece na sua empresa?

( )	( )	( )	( )
Isso **nunca** acontece.	**Às vezes** isso acontece.	**Frequentemente** isso acontece.	Isso **sempre** acontece.

Quais são, na sua opinião, os principais motivos para isso acontecer?

! MOTIVO 1 _____

_____

! MOTIVO 2 _____

_____

! MOTIVO 3 _____

_____

O que você pode fazer para eliminar ou minimizar esse erro?

PRAZO	AÇÕES
Curto prazo (até 3 meses)	
Médio prazo (3 a 6 meses)	
Longo prazo (6 a 12 meses)	

D **ERRO FATAL 4** *Atrapalhar-se na contratação, treinamento e incentivo dos talentos.*

Em que medida esse erro acontece na sua empresa?

( ) Isso **nunca** acontece.

( ) **Às vezes** isso acontece.

( ) **Frequentemente** isso acontece.

( ) Isso **sempre** acontece.

Quais são, na sua opinião, os principais motivos para isso acontecer?

! MOTIVO 1 _____

_____

! MOTIVO 2 _____

_____

! MOTIVO 3 _____

_____

O que você pode fazer para eliminar ou minimizar esse erro?

PRAZO	AÇÕES
Curto prazo (até 3 meses)	
Médio prazo (3 a 6 meses)	
Longo prazo (6 a 12 meses)	

Em que medida esse erro acontece na sua empresa?

( ) Isso **nunca** acontece.

( ) **Às vezes** isso acontece.

( ) **Frequentemente** isso acontece.

( ) Isso **sempre** acontece.

Quais são, na sua opinião, os principais motivos para isso acontecer?

! MOTIVO 1 _____

_____

! MOTIVO 2 _____

_____

! MOTIVO 3 _____

_____

O que você pode fazer para eliminar ou minimizar esse erro?

PRAZO	AÇÕES
Curto prazo (até 3 meses)	
Médio prazo (3 a 6 meses)	
Longo prazo (6 a 12 meses)	

ERRO FATAL 6 — *Fazer a apuração e o acompanhamento das métricas de forma desleixada.*

Em que medida esse erro acontece na sua empresa?

( ) Isso **nunca** acontece. ( ) **Às vezes** isso acontece. ( ) **Frequentemente** isso acontece. ( ) Isso **sempre** acontece.

Quais são, na sua opinião, os principais motivos para isso acontecer?

! MOTIVO 1 _____

_____

! MOTIVO 2 _____

_____

! MOTIVO 3 _____

_____

O que você pode fazer para eliminar ou minimizar esse erro?

PRAZO	AÇÕES
Curto prazo (até 3 meses)	
Médio prazo (3 a 6 meses)	
Longo prazo (6 a 12 meses)	

ERRO FATAL 7 — *Gestão do comando e controle.*

Em que medida esse erro acontece na sua empresa?

( ) Isso **nunca** acontece.

( ) **Às vezes** isso acontece.

( ) **Frequentemente** isso acontece.

( ) Isso **sempre** acontece.

Quais são, na sua opinião, os principais motivos para isso acontecer?

! MOTIVO 1

_____

_____

! MOTIVO 2

_____

_____

! MOTIVO 3

_____

_____

O que você pode fazer para eliminar ou minimizar esse erro?

PRAZO	AÇÕES
Curto prazo (até 3 meses)	
Médio prazo (3 a 6 meses)	
Longo prazo (6 a 12 meses)	

Investir pouco no sucesso do cliente.

Em que medida esse erro acontece na sua empresa?

( ) Isso **nunca** acontece.

( ) **Às vezes** isso acontece.

( ) **Frequentemente** isso acontece.

( ) Isso **sempre** acontece.

Quais são, na sua opinião, os principais motivos para isso acontecer?

! MOTIVO 1 _____

_____

! MOTIVO 2 _____

_____

! MOTIVO 3 _____

_____

O que você pode fazer para eliminar ou minimizar esse erro?

PRAZO	AÇÕES
Curto prazo (até 3 meses)	
Médio prazo (3 a 6 meses)	
Longo prazo (6 a 12 meses)	

"Foram os meus próprios erros que me ajudaram a enxergar por que valeu a pena começar tudo de novo, do fundo do poço. Hoje eu sou grato aos meus erros!"

AARON ROSS

Sepultar definitivamente a *cold calling 1.0* na sua empresa

No **Capítulo 3** do livro *Receita Previsível* (2ª edição), "*Cold Calling 2.0*: como aumentar rapidamente as vendas sem ter de fazer *cold calls*", são apresentadas as diferenças entre a *cold calling 1.0* e a *cold calling 2.0*. É bem provável que a sua empresa ainda esteja trabalhando no antigo sistema, total ou parcialmente.

A atividade a seguir tem o objetivo de fazer você identificar se a sua empresa está mais voltada para a *cold calling 1.0* ou para a *cold calling 2.0*. Para isso, refresque a sua memória e veja as principais diferenças entre os dois processos de vendas no quadro abaixo:

COLD CALLING 1.0	COLD CALLING 2.0
Todos em vendas fazem prospecção "Sempre feche a venda."	**Time de prospecção especializado** "É bom para ambas as partes?"
Mensurar as atividades (ex.: ligações diárias) *Cold calling*	**Mensurar os resultados** (ex.: *leads* qualificados) Pesquisa, ligações por indicação
Técnicas de vendas manipulativas "Eu odeio este trabalho!"	**Técnicas de vendas autênticas e íntegras** "Estou desenvolvendo uma habilidade valiosa."
Cartas e e-mails longos O sistema de vendas derruba a produtividade	**E-mails curtos e calorosos** O sistema de vendas alavanca a produtividade

♥ COLOCANDO EM PRÁTICA

3.1. Releia o **Capítulo 3** (📖 p. 62) do livro *Receita Previsível* (2ª edição).

3.2. Responda às questões a seguir para identificar se a sua empresa está mais voltada para a *cold calling 1.0* ou para a *cold calling 2.0*.

Ⓐ Com que frequência o pessoal do time de vendas faz *cold calls* na sua empresa?

( ) **a. Nunca** fazem *cold calls*.

( ) **b. Raramente** fazem *cold calls*.

( ) **c.** Fazem *cold calls* **regularmente**.

( ) **d.** Fazem **muitas** *cold calls*.

( ) **e. Sempre** fazem *cold calls*.

➕ OBSERVAÇÕES _____

_____

_____

Ⓑ Em que medida os vendedores ou Executivos de Contas da sua empresa **são responsáveis por** fazer a prospecção *inbound* (passiva) dos *leads* provenientes dos canais de vendas passivos, como: chamadas telefônicas receptivas, e-mails, redes sociais, indicações, entre outras fontes nas quais os *leads* é que procuram a empresa?

( ) **a.** Os vendedores **nunca** fazem a prospecção *inbound*.

( ) **b.** Os vendedores **raramente** fazem a prospecção *inbound*.

( ) **c.** Os vendedores fazem a prospecção *inbound* **regularmente**.

( ) **d.** Os vendedores fazem a prospecção *inbound* na **maioria das vezes**.

( ) **e.** Os vendedores **sempre** fazem a prospecção *inbound*.

➕ OBSERVAÇÕES _____

_____

_____

C Em que medida os vendedores ou Executivos de Contas da sua empresa são responsáveis por fazer a prospecção *outbound* (ativa) dos *leads*?

( ) **a.** Os vendedores **nunca** fazem a prospecção *outbound*.

( ) **b.** Os vendedores **raramente** fazem a prospecção *outbound*.

( ) **c.** Os vendedores fazem a prospecção *outbound* **regularmente**.

( ) **d.** Os vendedores fazem a prospecção *outbound* na **maioria das vezes**.

( ) **e.** Os vendedores **sempre** fazem a prospecção *outbound*.

+ OBSERVAÇÕES _____

_____

_____

_____

D Em relação à mensuração de atividades e de resultados de vendas, qual das opções a seguir melhor representa a forma como a sua empresa lida com essa questão?

( ) **a.** Focamos as métricas de **resultados**.

( ) **b.** Focamos **mais** as métricas de **resultados** do que as de atividades.

( ) **c.** Focamos **igualmente** as métricas de **atividades** e as de **resultados**.

( ) **d.** Focamos **mais** as métricas de **atividades** do que as de resultados.

( ) **e.** Focamos as métricas de **atividades**.

+ OBSERVAÇÕES _____

_____

_____

_____

E Em que medida o seu time de vendas emprega técnicas manipulativas nas relações com *leads* e clientes?

( ) **a.** O time de vendas **nunca** usa técnicas de vendas manipulativas.

( ) **b.** O time de vendas **às vezes** usa técnicas de vendas manipulativas.

( ) **c.** O time de vendas usa técnicas de vendas manipulativas **regularmente**.

( ) **d.** O time de vendas **muitas vezes** usa técnicas de vendas manipulativas.

( ) **e.** O time de vendas **sempre** usa técnicas de vendas manipulativas.

+ OBSERVAÇÕES _____

_____

_____

_____

F Em relação à abordagem de prospecção adotada pelo seu time de vendas, qual das alternativas a seguir melhor representa a maneira que a sua empresa lida com essa questão?

( ) **a. Todo** o time de vendas usa **e-mails curtos** e **calorosos**.

( ) **b. A maioria** do time de vendas usa **e-mails curtos** e **calorosos**.

( ) **c. Alguns** membros do time de vendas usam **e-mails curtos** e **calorosos**, e outra parte usa cartas e e-mails longos.

( ) **d. A maioria** do time de vendas usa **cartas** e **e-mails longos**.

( ) **e. Todo** o time de vendas usa **cartas** e **e-mails longos**.

+ OBSERVAÇÕES _____

_____

_____

_____

3.3. Agora que você já respondeu às perguntas, vamos identificar o quanto a sua empresa já está praticando a *cold calling 2.0*. Para saber a resposta, proceda da seguinte maneira:

Atribua **nota** **5** para cada resposta em que você marcou a **letra "a"**.

Atribua **nota** **4** para cada resposta em que você marcou a **letra "b"**.

Atribua **nota** **3** para cada resposta em que você marcou a **letra "c"**.

Atribua **nota** **2** para cada resposta em que você marcou a **letra "d"**.

Atribua **nota** **1** para cada resposta em que você marcou a **letra "e"**.

Agora **some as notas** das seis questões.

A minha nota total foi:

_____

DE 25 A 30 PONTOS

Sua empresa já migrou para a *cold calling 2.0* e, provavelmente, você já consegue perceber os ganhos nos indicadores de geração de *leads* qualificados, taxas de conversão, satisfação dos clientes e na motivação e produtividade do time de vendas.

DE 19 A 24 PONTOS

Sua empresa está no caminho certo rumo à *cold calling 2.0*, mas ainda tem alguns desafios para sepultar de vez a *cold calling 1.0*. Não desanime, pois esse processo envolve uma grande mudança de cultura, especialmente de antigos maus hábitos de vendas que foram internalizados pelos membros do seu time. Mas lembre-se de que são pessoas! E pessoas precisam de um tempo para se adaptar. Tenha paciência e persistência, e você conseguirá chegar lá.

DE 13 A 18 PONTOS

Sua empresa está dando os primeiros passos em direção à *cold calling 2.0*. Você está diante de um grande desafio e, talvez, ainda não esteja suficientemente convencido de que este processo é o melhor para a sua empresa. O CEO (ou o dono) e a Direção da empresa precisam, antes de tudo, decidirem avançar para que as coisas aconteçam de fato. Reveja as questões e tente identificar o que está impedindo a sua empresa de avançar, e o que ainda a mantém presa na *cold calling 1.0*.

DE 6 A 12 PONTOS

Sua empresa está totalmente imersa na *cold calling 1.0*. Isso pode ser fruto de uma cultura antiga e cristalizada. Talvez sua empresa seja uma daquelas organizações familiares complexas em que o medo da mudança supera a disposição para arriscar e crescer. Você precisa seriamente avaliar se está ou não disposto a avançar, e se terá disposição para mobilizar aqueles que relutam em experimentar o novo. Prepare-se e convença-se primeiramente. Depois, faça o mesmo com as outras pessoas que participam da Direção da empresa.

+ OBSERVAÇÕES

"Por que é mais fácil, para pessoas e empresas, fazerem mais daquilo que não dá certo do que gastarem algum tempo descobrindo o que realmente funciona?"

AARON ROSS

2ª ETAPA

PREPARAR a sua máquina de vendas para **IMPLEMENTAR** a metodologia de Receita Previsível

Cumprir os quatro requisitos mínimos para implementar o processo de *cold calling 2.0*

Após decidir prosseguir com a implementação da metodologia de Receita Previsível, a primeira providência que você precisa tomar é verificar se a sua empresa já cumpre os quatro requisitos para a implementação do processo de *cold calling 2.0*.

 **COLOCANDO EM PRÁTICA**

4.1. Releia o **Capítulo 4** (p. 90) do livro *Receita Previsível* (2ª edição) e responda às questões propostas.

4.2. Sua empresa tem, pelo menos, uma pessoa 100% dedicada à prospecção, ou existe a intenção de contratá-la? Se não, o que fará a respeito?

_____

_____

_____

_____

_____

4.3. Sua empresa usa algum *software* que permita ao pessoal de vendas compartilhar informações e gerenciar contas e contatos? Se possui, ele é usado de forma adequada? Se não usa, o que fará a respeito?

_____

_____

_____

_____

_____

_____

_____

_____

_____

4.4. Sua empresa já tem um produto ou serviço que tenha sido testado e gerado receita? Se não, o que fará a respeito?

_____

_____

_____

_____

_____

_____

_____

_____

4.5. O valor do cliente ao longo de todo seu ciclo de vida (LTV) é de pelo menos US$ 10.000 ou algo equivalente? Se não, o que fará a respeito?

_____

_____

_____

_____

_____

_____

_____

"É necessário algum tipo de sistema que permita à sua força de vendas compartilhar informações e gerenciar as contas e contatos."

AARON ROSS

Reestruturar e especializar a sua área de vendas

Agora que você já analisou os quatro requisitos fundamentais para a implementação do processo de *cold calling 2.0*, precisará reestruturar a sua área de vendas, incorporando os papéis que ainda não existem na sua empresa (veja a figura abaixo) e readequando os que você já possui.

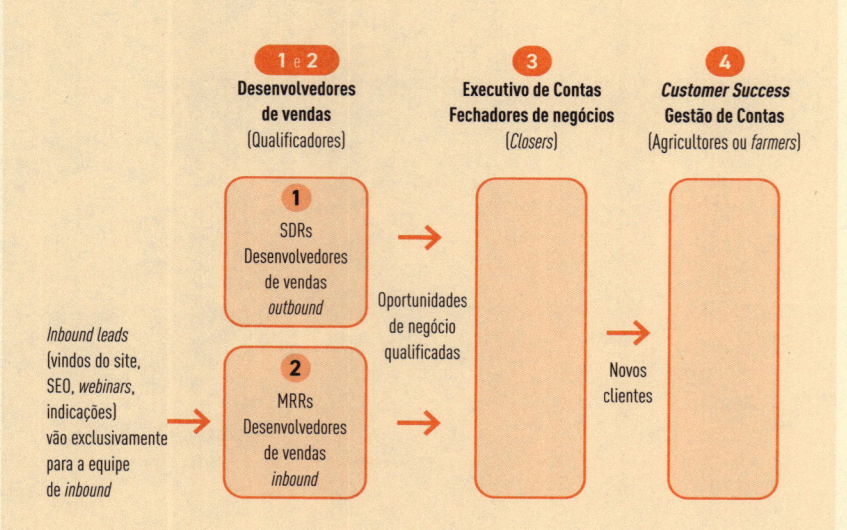

É provável que alguém na sua empresa já realize as atividades de pré-vendas. O mais comum é que o próprio vendedor faça a prospecção, o que acaba conflitando com as outras atividades que ele já realiza. É possível também que você tenha alguém dedicado exclusivamente à função de pré-vendas, mas cuidando tanto da prospecção *inbound* quanto da *outbound*, o que, geralmente, não funciona bem.

•••

Portanto, será necessário que você examine a estrutura atual do seu time de vendas, depois a compare com os papéis de pré-vendas, vendas e de *customer success* sugeridos. E, em seguida, você deverá tomar sua decisão sobre as mudanças necessárias para ajustar o seu time de vendas.

COLOCANDO EM PRÁTICA

5.1. Releia o **Capítulo 4** (p. 90) do livro *Receita Previsível* (2ª edição), se necessário.

5.2. A seguir, identifique os papéis de vendas que existem na sua empresa e escreva nas colunas a quantidade (atual e planejada) de profissionais que você possui atualmente e quantos planeja ter, no futuro, em cada função.

TIPO DE PROFISSIONAL DE VENDAS	Quantidade Atual	Quantidade Planejada*
SDRs (*Sales Development Reps*) trabalhando exclusivamente com prospecção e qualificação de *leads outbound*.		
MRRs (*Market Response Reps*) trabalhando exclusivamente com prospecção e qualificação de *leads inbound*.		
Executivos de Contas Externos (vendedores, *Closers* ou *Hunters*) trabalhando exclusivamente com o atendimento aos *leads* qualificados para o fechamento das vendas.		
Executivos de Contas Internos (*inside sales*, vendedores, *Closers* ou *Hunters*) trabalhando exclusivamente com o atendimento aos *leads* qualificados para o fechamento das vendas.		

TIPO DE PROFISSIONAL DE VENDAS	Quantidade Atual	Quantidade Planejada*
Profissionais de *Customer Success* (gestores de contas, *key accounts*, suporte, treinamento, implementação) trabalhando no atendimento ao cliente, no relacionamento e nas atividades de *cross-selling* e *upselling*.		
Quantidade de **Vendedores Generalistas Internos** (empregados) que fazem todo o processo: prospectando, vendendo e atendendo o cliente posteriormente.		
Quantidade de **Vendedores Generalistas Externos** (empregados) que fazem todo o processo: prospectando, vendendo e atendendo o cliente posteriormente.		
Quantidade de **Representantes Comerciais Autônomos (RCAs)** que fazem todo o processo: prospectando, vendendo e atendendo o cliente posteriormente.		
TOTAL DE PROFISSIONAIS NO TIME DE VENDAS		

*OBS.: Se você ainda não souber quantos profissionais são necessários para gerar a quantidade ideal de *leads* qualificados e de negócios, preencha apenas a coluna "Quantidade Atual" e depois retorne a esta atividade quando tiver elementos suficientes para definir a "Quantidade Planejada".

5.3. Agora que você já identificou todos os papéis de vendas na sua empresa, elabore uma proposta para a nova estrutura da sua área de vendas. Lembre-se de que, em algumas empresas, a função de MRR (*Market Response Rep*) pode ficar na área de marketing (se fizer sentido). Se esse for o seu caso, não se esqueça de incluir a área de marketing na sua proposta.

NOVA ESTRUTURA DE VENDAS PROPOSTA

NÍVEL DIRETIVO

NÍVEL GERENCIAL

NÍVEL OPERACIONAL

Pré-vendas	Vendas	*Customer Success*

5.4. Quais são, na sua opinião, os principais desafios que você enfrentará na implementação dessa nova estrutura de vendas? E o que você deverá fazer para superá-los?

! DESAFIO 1

_____
_____
_____
_____

! DESAFIO 2

_____
_____
_____
_____

! DESAFIO 3

_____
_____
_____
_____

! DESAFIO 4

_____
_____
_____
_____

! DESAFIO 5

_____
_____
_____

"Essa especialização das funções de vendas foi crucial para ajudar a Salesforce.com a conquistar os resultados incríveis que obteve."

AARON ROSS

Implementar a função de SDR (*Sales Development Rep*)

É provável que alguém na sua empresa já atue como vendedor. No entanto, como vimos na figura sobre as funções especializadas em vendas, agora é preciso que você avance rumo à implementação de uma área de pré-vendas robusta o suficiente para gerar a quantidade de *leads* qualificados necessária para abastecer o seu funil de vendas e tornar a sua receita mais previsível.

Para isso, você precisará implementar o seu pré-vendas *outbound*, que cuidará exclusivamente da prospecção ativa. E esse papel será exercido por um profissional de vendas denominado SDR (*Sales Development Rep*), cuja função será, exclusivamente, identificar, prospectar e qualificar *leads* que atendam ao PIC (Perfil Ideal do Cliente), e que serão passados aos Executivos de Contas para que deem continuidade ao processo de vendas e tentem fechar o negócio.

Um bom time de vendas começa com uma boa contratação, ou recolocação de alguém que você já tem na sua empresa e que se encaixa bem no perfil do cargo. Para que isso aconteça, você precisará equilibrar o perfil desejado com a oferta da sua empresa. Se você puder contar com a ajuda de um profissional de Recursos Humanos para recrutar e selecionar esses profissionais, será melhor. Se isso não for possível, procure ser criterioso na escolha e não se precipite em contratar a primeira pessoa que alguém lhe indicar.

A seguir, você encontrará uma série de atributos que poderão ajudá-lo na construção do perfil da função de SDR na sua empresa, e também na oferta de remuneração e benefícios que você usará para atrair os melhores profissionais para o seu time de vendas.

E lembre-se: quanto mais exigente você for em relação ao perfil do profissional, mais atraente deve ser a sua oferta.

COLOCANDO EM PRÁTICA

6.1. Selecione e acrescente, se necessário, as informações sobre o perfil de SDR que você pretende contratar e a oferta de trabalho que sua empresa oferecerá.

FUNÇÃO	SDR (*Sales Development Rep*)
Perfil Psicológico	( ) Organizado(a) ( ) Responsável ( ) Comunicativo(a) ( ) Capaz de trabalhar sob pressão ( ) Focado(a) ( ) _____ ( ) _____ ( ) _____ ( ) _____ ( ) _____
Perfil Técnico	( ) Boa redação ( ) Boa fluência verbal ( ) Habilidade de negociação ( ) Habilidade para usar redes sociais ( ) Habilidade para usar pacotes *office* (texto, planilha, etc.)

FUNÇÃO	SDR (*Sales Development Rep*)

Perfil Técnico

( ) Habilidade para usar *softwares* de videoconferência

( ) Habilidade para usar o Salesforce.com

( ) Habilidade para usar o RD Station

( ) Habilidade para usar o LinkedIn Sales Navigator

( ) Habilidade para usar o Pipedrive

( ) _____

( ) _____

( ) _____

( ) _____

( ) _____

Perfil Demográfico

Faixa etária: _____

Gênero: ( ) Indiferente ( ) Feminino ( ) Masculino

Alguma ação afirmativa (inclusão, minorias, etc.)?

( ) Não ( ) Sim: _____

Escolaridade: _____

Curso(s) : _____

Experiência

( ) Experiência na área de vendas de _____ anos

( ) Experiência em pré-vendas de _____ anos

( ) Experiência como SDR de _____ anos

( ) Desejável: ter trabalhado na(s) empresa(s):

_____

_____

( ) _____

( ) _____

( ) _____

FUNÇÃO	SDR (*Sales Development Rep*)

Experiência

( ) ....
( ) ....
( ) ....

Atividades

( ) Identificar e selecionar contas e contatos para prospecção
( ) Criar oportunidades de vendas nas contas frias
( ) Construir e higienizar listas e bases de dados de contas-alvo
( ) Usar efetivamente o sistema de vendas
( ) Pesquisar informações sobre contas e contatos na internet
( ) Redigir e-mails de prospecção
( ) Fazer ligações de mapeamento (*discovery calls*)
( ) Contatar *leads* usando redes sociais
( ) Contatar *leads* usando *apps* de mensagens
( ) Contatar *leads* usando e-mail
( ) Organizar e realizar videoconferências com *leads*
( ) Fazer *follow-up* das atividades
( ) Criar e aprimorar fluxos de atividades de prospecção
( ) Desenvolver habilidades de vendas, produto e concorrência para se preparar para a próxima função
( ) Gerar .... *leads* qualificados por .... (dia/semana/mês)
( ) Gerar R$ .... em oportunidades de negócio qualificadas por .... (dia/semana/mês)
( ) ....
( ) ....
( ) ....
( ) ....
( ) ....

FUNÇÃO	SDR (*Sales Development Rep*)

Remuneração

( ) Fixa: R$ _____ por mês

( ) Variável: R$ _____ por *lead* qualificado

( ) Variável: R$ _____ por negócio fechado

( ) Variável: R$ _____ se atingir a meta de _____ *leads* tratados em _____ (dias/semanas/meses)

( ) Variável: _____ % sobre os negócios fechados

( ) Remuneração média estimada de R$ _____ por mês

( ) _____

( ) _____

( ) _____

( ) _____

( ) _____

Benefícios

( ) Vale-transporte

( ) Vale-refeição de R$ _____ por dia

( ) Vale-alimentação de R$ _____ por mês

( ) Plano de saúde. Condições: _____

( ) Plano odontológico. Condições: _____

( ) _____

( ) _____

( ) _____

( ) _____

( ) _____

Local de Trabalho

( ) Local (endereço designado pela empresa)

( ) Home Office

( ) Híbrido

( ) _____

FUNÇÃO	SDR (*Sales Development Rep*)

Carga Horária

( ) De .... às .... , de ....
a ....

( ) De .... às .... , aos ....

( ) .... horas por .... (dia/semana/mês)

( ) Por tarefa/resultado: .... por
.... (dia/semana/mês)

( ) ....

( ) ....

( ) ....

( ) ....

( ) ....

"O modelo de comissionamento puro não demonstra muito comprometimento do Gestor de Vendas ou da empresa."

AARON ROSS

Implementar a função de MRR (*Market Response Rep*)

O ideal é que você implemente as funções de SDR e MRR ao mesmo tempo, pois a experiência já demonstrou que uma mesma pessoa executando essas duas funções não funciona. Se você não tiver recursos suficientes, opte, primeiramente, pela contratação de um SDR antes do MRR.

O *Market Response Rep* é o elemento do seu time de vendas que cuidará da qualificação dos *leads* vindos do *inbound*, ou seja, os *leads* que procuram a sua empresa por meio dos mais diversos canais de marketing e comunicação, de forma passiva. Logo, o MRR terá de lidar com *leads* chegando pelas redes sociais, pelo telefone, por e-mail, pelo site, pelo seu aplicativo de mensagens (WhatsApp, Telegram, Messenger, etc.), pelas páginas de captura, enfim, todas as fontes "passivas" de geração de *leads*.

Normalmente, o MRR tem que lidar com um número bem maior de contas e contatos do que o SDR. No entanto, boa parte dos *leads* vindos pelos esforços de *inbound* não terão o perfil adequado para se qualificarem e serão descartados. Isso acontece porque você não tem como controlar quem o procura, mas apenas quem você procura. Enquanto o MRR recebe "todo tipo de *lead*", o SDR só vai atrás das contas e contatos que atendem a certos requisitos estabelecidos no PIC (Perfil Ideal de Cliente).

A grande vantagem dos *leads* capturados de forma passiva é que eles, de certa forma, já estão interessados na sua empresa ou no seu produto, ou foram atraídos por algum conteúdo que você postou nas redes sociais ou no seu blog. O problema é que muitas vezes esses *leads* não têm o perfil adequado para a sua empresa e, se não forem adequadamente qualificados pelo

MRR, poderão ser repassados aos Executivos de Contas e acabar tomando tempo e recursos do seu time, derrubando a produtividade dos seus vendedores, e interferindo também nos resultados.

Por isso, é muito importante qualificar todo e qualquer *lead* que chegue à sua empresa, e o MRR é o profissional que fará isso para garantir que somente os *leads* promissores avancem no seu funil de vendas.

Dentro desta arquitetura que foi proposta, o MRR é o primeiro estágio na carreira de vendas. Logo, eles serão os seus futuros SDRs, Executivos de Contas ou profissionais de *Customer Success*. Isso cria uma perspectiva de carreira, ajuda a retê-los e proporciona à empresa profissionais muito mais capacitados e produtivos.

A seguir, defina o perfil de MRR que você pretende contratar para a sua empresa e sua oferta de remuneração e benefícios.

COLOCANDO EM PRÁTICA

7.1. Selecione e acrescente, se necessário, as informações sobre o perfil de MRR que você pretende contratar e a oferta de trabalho que sua empresa oferecerá.

FUNÇÃO	MRR (*Market Response Rep*)
Perfil Psicológico	( ) Organizado(a) ( ) Responsável ( ) Comunicativo(a) ( ) Capaz de trabalhar sob pressão ( ) Focado(a)

FUNÇÃO	MRR (*Market Response Rep*)

Perfil Psicológico

( ) ....
( ) ....
( ) ....
( ) ....
( ) ....

Perfil Técnico

( ) Boa redação
( ) Boa fluência verbal
( ) Habilidade de negociação
( ) Habilidade para usar redes sociais
( ) Habilidade para usar pacotes *office*
(texto, planilha, etc.)
( ) Habilidade para usar *softwares* de videoconferência
( ) Habilidade para usar o Salesforce.com
( ) Habilidade para usar o RD Station
( ) Habilidade para usar o LinkedIn Sales Navigator
( ) Habilidade para usar o Pipedrive
( ) ....
( ) ....
( ) ....
( ) ....
( ) ....

Perfil Demográfico

Faixa etária: ....
Gênero: ( ) Indiferente   ( ) Feminino   ( ) Masculino
Alguma ação afirmativa (inclusão, minorias, etc.)?
( ) Não   ( ) Sim: ....
Escolaridade: ....
Curso(s) : ....

FUNÇÃO	MRR (*Market Response Rep*)

Experiência

( ) Experiência na área de vendas de _____ anos

( ) Experiência em pré-vendas de _____ anos

( ) Experiência como MRR de _____ anos

( ) Desejável: ter trabalhado na(s) empresa(s):

_____

_____

( ) _____

( ) _____

( ) _____

( ) _____

( ) _____

Atividades

( ) Responder a todos os *leads* do *inbound*

( ) Qualificar e passar os *leads* para os Executivos de Contas

( ) Usar efetivamente o sistema de vendas

( ) Pesquisar informações sobre contas e contatos na internet

( ) Redigir e-mails de resposta aos *leads*

( ) Fazer *follow-up* das atividades

( ) Criar e aprimorar fluxos de atividades de resposta

( ) Desenvolver habilidades de vendas, produto e concorrência para se preparar para a próxima função

( ) Tratar _____ *leads* do *inbound* por _____ (dia/mês/semana)

( ) _____

( ) _____

( ) _____

( ) _____

( ) _____

FUNÇÃO	MRR (*Market Response Rep*)

Remuneração

( ) Fixa: R$ .... por mês

( ) Variável: R$ .... por *lead* tratado

( ) Variável: R$ .... por negócio fechado

( ) Variável: R$ .... se atingir a meta de
.... *leads* qualificados em ....
(dias/semanas/meses)

( ) Variável: .... % sobre os negócios fechados

( ) Remuneração média estimada de
R$ .... por mês

( ) ....

( ) ....

( ) ....

( ) ....

( ) ....

Benefícios

( ) Vale-transporte

( ) Vale-refeição de R$ .... por dia

( ) Vale-alimentação de R$ .... por mês

( ) Plano de saúde. Condições: ....

( ) Plano odontológico. Condições: ....

( ) ....

( ) ....

( ) ....

( ) ....

( ) ....

Local de Trabalho

( ) Local (endereço designado pela empresa)

( ) Home Office

( ) Híbrido

( ) ....

FUNÇÃO	MRR (*Market Response Rep*)

Carga Horária

( ) De _____ às _____ , de _____
    a _____

( ) De _____ às _____ , aos _____

( ) _____ horas por _____ (dia/semana/mês)

( ) Por tarefa/resultado: _____ por
    _____ (dia/semana/mês)

( ) _____

( ) _____

( ) _____

( ) _____

( ) _____

_____
_____
_____
_____
_____
_____
_____
_____
_____
_____
_____
_____
_____
_____

"Pense em criar um plano de carreira que desenvolva continuamente seus vendedores, como nos grandes times de futebol."

AARON ROSS

Implementar ou adequar a função de Executivo(a) de Contas

Existe uma grande chance de você já possuir vendedores na sua empresa que trabalhem à moda antiga, fazendo todo o trabalho de vendas, sem qualquer especialização. Com a introdução dos papéis de SDR e MRR no seu time de vendas, as responsabilidades dos vendedores mudarão, pois eles não farão mais a prospecção e qualificação dos *leads,* e focarão apenas a venda. Pode ser necessário um tempo de adaptação até que toda a prospecção seja efetivamente realizada pelos novos profissionais de pré-vendas.

Logo, assim que você conseguir estruturar minimamente o seu setor de pré-vendas, será necessário redimensionar o trabalho dos seus Executivos de Contas – ou qualquer que seja o nome atribuído ao cargo de quem é responsável pelo fechamento da venda na sua empresa –, que passarão a direcionar os esforços para atender aos *leads* qualificados pelos SDRs e MRRs.

Com um pré-vendas bem estruturado, os Executivos de Contas terão mais tempo para focar apenas as contas com alto potencial de fechamento, e não perderão mais tempo com *leads* fora do perfil. Isso os tornará muito mais produtivos e você perceberá, com o tempo, um aumento nas taxas de conversão e na receita.

Os Executivos de Contas se dedicarão, portanto, ao fechamento das vendas, motivo pelo qual também são chamados de *Closers* (fechadores) ou *Hunters* (caçadores). As principais tarefas desses profissionais serão receber os *leads* qualificados, aprofundar-se no entendimento de suas dores e necessidades e identificar os produtos e serviços mais adequados para servi-los. Dessa forma, será possível apresentar uma proposta de valor que atenda de fato a esses *leads* e que seja capaz de convertê-los em clientes efetivos.

À medida que seus SDRs e MRRs começarem a gerar mais *leads* qualificados, provavelmente você precisará contratar mais Executivos de Contas para trabalharem dentro dessa nova estrutura de vendas. Então, é importante que você já os contrate dentro dessa nova perspectiva, pois a maioria das empresas ainda opera sem uma área de vendas com especialização de papéis.

O propósito desta atividade é fornecer a você uma referência para a adequação do papel dos seus vendedores atuais e para a contratação de novos Executivos de Contas.

COLOCANDO EM PRÁTICA

8.1. Selecione e acrescente, se necessário, as informações sobre o perfil de Executivo de Contas que você pretende contratar e a oferta de trabalho que sua empresa oferecerá.

FUNÇÃO	Executivo de Contas
Perfil Psicológico	( ) Organizado(a) ( ) Responsável ( ) Comunicativo(a) ( ) Capaz de trabalhar sob pressão ( ) Focado(a) ( ) Boa inteligência emocional ( ) Empático(a) ( ) _____ ( ) _____ ( ) _____ ( ) _____ ( ) _____

FUNÇÃO	Executivo de Contas

Perfil Técnico

( ) Boa redação
( ) Boa fluência verbal
( ) Bom raciocínio lógico-matemático
( ) Habilidade de argumentação
( ) Habilidade de negociação
( ) Habilidade de leitura corporal
( ) Boa base de conhecimentos gerais
( ) Conhecimento do mercado ou vertical
( ) Conhecimento do produto ou serviço
( ) Habilidade para usar redes sociais
( ) Habilidade para usar pacotes *office* (texto, planilha, etc.)
( ) Habilidade para usar *softwares* de videoconferência
( ) Habilidade para usar o Salesforce.com
( ) Habilidade para usar o RD Station
( ) Habilidade para usar o LinkedIn Sales Navigator
( ) Habilidade para usar o Pipedrive
( ) _____
( ) _____
( ) _____
( ) _____
( ) _____

Perfil Demográfico

Faixa etária: _____
Gênero: ( ) Indiferente ( ) Feminino ( ) Masculino
Alguma ação afirmativa (inclusão, minorias, etc.)?
( ) Não ( ) Sim: _____
Escolaridade: _____
Curso(s) : _____

FUNÇÃO	Executivo de Contas

Experiência

( ) Experiência na área de vendas de .... anos

( ) Experiência como Executivo de Vendas de .... anos

( ) Desejável: ter trabalhado na(s) empresa(s):

( )

( )

( )

( )

( )

Atividades

( ) Dar continuidade ao atendimento dos *leads* qualificados

( ) Identificar as causas das dores ou problemas dos *leads*

( ) Elaborar propostas de valor adequadas aos *leads*

( ) Gerenciar o ciclo de vendas

( ) Preparar e conduzir apresentações e demonstrações

( ) Mapear o processo de compras da conta

( ) Construir relações de confiança com os contatos da conta

( ) Mapear os principais concorrentes

( ) Conhecer os pontos fortes e fracos da concorrência

( ) Diferenciar-se da concorrência

( ) Negociar e fechar propostas

( ) Cumprir as metas de resultados estabelecidas

( ) Acompanhar e conduzir o processo de contratação

( ) Administrar contingências

FUNÇÃO	Executivo de Contas

Atividades

( ) Fazer a interlocução entre a conta e a sua empresa

( ) Dar suporte ao *lead* durante todo o processo até a conclusão do negócio

( ) Dar *feedback* aos SDRs e MRRs sobre a qualidade dos *leads*

( ) Passar o cliente, de forma suave, para a equipe de CS

( ) Enriquecer o cadastro da conta e dos contatos

( ) Usar efetivamente o sistema de vendas

( ) Manter conversas produtivas com os *leads* por e-mail, mensagem, telefone e redes sociais

( ) Fazer *follow-up* das atividades

( ) Criar e aprimorar fluxos de atividades de vendas

( ) Desenvolver-se continuamente em técnicas de vendas, habilidades comportamentais, conhecimento sobre os produtos e serviços e sobre o mercado

( ) Tratar .... *leads* do *inbound* por .... (dia/semana/mês)

( ) Tratar .... *leads* do *outbound* por .... (dia/semana/mês)

( ) Gerar .... oportunidades de negócio qualificadas por .... (semana/mês/trimestre/ano)

( ) Gerar R$ .... em oportunidades de negócio qualificadas por .... (semana/mês/trimestre/ano)

( ) ....

( ) ....

( ) ....

( ) ....

( ) ....

FUNÇÃO	Executivo de Contas

Remuneração

( ) Fixa: R$ _____ por mês

( ) Variável: _____ % sobre os negócios fechados

( ) Variável: R$ _____ por negócio fechado

( ) Variável: R$ _____ se atingir a meta de R$ _____ em vendas em _____ (dias/semanas/meses)

( ) Remuneração média estimada de R$ _____ por mês

( ) _____

( ) _____

( ) _____

( ) _____

( ) _____

Benefícios

( ) Vale-transporte

( ) Vale-refeição de R$ _____ por dia

( ) Vale-alimentação de R$ _____ por mês

( ) Plano de saúde. Condições: _____

( ) Plano odontológico. Condições: _____

( ) _____

( ) _____

( ) _____

( ) _____

( ) _____

Local de Trabalho

( ) Interno ( ) Externo

( ) Local (endereço designado pela empresa)

( ) Home Office

( ) Híbrido

( ) _____

FUNÇÃO	Executivo de Contas

Carga Horária

( ) De .... às .... , de .... a ....

( ) De .... às .... , aos ....

( ) .... horas por .... (dia/semana/mês)

( ) Por tarefa/resultado: .... por .... (dia/semana/mês)

( ) ....

( ) ....

( ) ....

( ) ....

( ) ....

"No passado, as vendas funcionavam como se alguém ficasse cutucando você e dizendo: 'E aí, vai comprar?'"

AARON ROSS

Implementar a função de *Customer Success*

A última "peça" da sua máquina de vendas a ser implementada é a de *Customer Success* (CS). O CS é a função que assumirá os cuidados com o cliente após o fechamento da venda pelo Executivo de Contas (o *Closer*). Essa "passagem de bastão" deve ser feita de maneira suave e gradual, pois o cliente não pode ficar sem suporte nesse momento de transferência de responsabilidade. Logo, Executivo de Contas e CS devem trabalhar juntos para evitar que o cliente se sinta "abandonado" após o fechamento do negócio.

Vale a pena ressaltar que a função de CS de que trataremos aqui é a que está ligada à área de vendas. Uma área de CS pode envolver muitas outras funções, como treinamento, implementação, assistência técnica, SAC, entre outros papéis. Mas, no que se refere à nossa "máquina de vendas", estamos tratando do profissional de vendas que atuará como Gestor da Conta em questão.

Dependendo do porte da sua empresa, os profissionais de CS podem ter que cuidar de muitas contas ou de apenas alguns poucos clientes estratégicos. Sua equipe de CS pode ter então cargos de Analistas de CS, que cuidarão de uma grande quantidade de contas de pequeno valor usando recursos de automação e tecnologia; de Executivos de CS, que cuidarão de um número reduzido de contas médias e grandes; e de *Key Account Managers* (KAMs), que cuidarão de uma quantidade restrita de contas estratégicas e, às vezes, até de uma única conta.

O mais importante é você ter em mente que a responsabilidade pelo cliente deve ser transferida do Executivo de

Contas para o profissional de CS, para que o *Closer* se ocupe novamente apenas do fechamento dos negócios a partir dos *leads* qualificados pelos SDRs e MRRs. Quando o Executivo de Contas fica preso ao processo de atendimento da conta, depois de fechar o negócio, isso impacta negativamente na geração de receita.

O profissional de CS tem basicamente duas funções: a primeira é reter o cliente, ou seja, mantê-lo ativo e adimplente por meio do monitoramento da sua "saúde", que é determinada pelo sucesso que ele tem ao usar e se beneficiar do seu produto ou serviço. Indicadores de satisfação, NPS, *churn* e uso do produto norteiam essa primeira frente de trabalho do CS. A segunda função é aumentar a receita da conta, ou seja, cuidar das renovações de contrato ou recompra, *cross-selling* e *upselling*.

A tarefa do profissional de CS é tão ou mais "pesada" que a do Executivo de Contas, pois é ele quem garantirá a manutenção e o crescimento da receita das contas conquistadas. A diferença básica entre os Executivos de Contas (*Hunters*) e os profissionais de CS (*Farmers* ou agricultores) é que os *Hunters* estão sempre em busca de vender para clientes novos, enquanto os *Farmers* estão cultivando os clientes atuais para mantê-los e torná-los cada vez maiores e mais rentáveis.

COLOCANDO EM PRÁTICA

9.1. Selecione e acrescente, se necessário, as informações sobre o perfil de *Customer Success* que você pretende contratar e a oferta de trabalho que sua empresa oferecerá.

FUNÇÃO	*Customer Success*

Perfil Psicológico

( ) Organizado(a)
( ) Responsável
( ) Comunicativo(a)
( ) Capaz de trabalhar sob pressão
( ) Focado(a)
( ) Boa inteligência emocional
( ) Empático(a)
( ) Excelente relacionamento interpessoal
( ) _____
( ) _____
( ) _____
( ) _____
( ) _____

Perfil Técnico

( ) Boa redação
( ) Boa fluência verbal
( ) Bom raciocínio lógico-matemático
( ) Habilidade de argumentação
( ) Habilidade de negociação
( ) Habilidade de leitura corporal
( ) Boa base de conhecimentos gerais
( ) Conhecimento do mercado ou vertical
( ) Conhecimento do produto ou serviço
( ) Conhecimento da conta e contatos
( ) Conhecimento dos processos internos que afetam o cliente
( ) Habilidade para solucionar problemas
( ) Habilidade para gerenciar conflitos
( ) Habilidade para conciliar interesses diversos
( ) Habilidade para usar redes sociais

FUNÇÃO	*Customer Success*

Perfil Técnico

( ) Habilidade para usar pacotes *office* (texto, planilha, .)
( ) Habilidade para usar *softwares* de videoconferência
( ) Habilidade para usar o Salesforce.com
( ) Habilidade para usar o RD Station
( ) Habilidade para usar o LinkedIn Sales Navigator
( ) Habilidade para usar o Pipedrive
( ) _____
( ) _____
( ) _____
( ) _____
( ) _____

Perfil Demográfico

Faixa etária: _____
Gênero: ( ) Indiferente ( ) Feminino ( ) Masculino
Alguma ação afirmativa (inclusão, minorias, etc.)?
( ) Não ( ) Sim: _____
Escolaridade: _____
Curso(s) : _____

Experiência

( ) Experiência na área de vendas de _____ anos
( ) Experiência na área de atendimento ao cliente de _____ anos
( ) Experiência na área de *customer success* de _____ anos
( ) Experiência como profissional de CS de _____ anos
( ) Desejável: ter trabalhado na(s) empresa(s):
_____
_____
_____

FUNÇÃO	*Customer Success*

Experiência

( ) ....
( ) ....
( ) ....
( ) ....
( ) ....

Atividades

( ) Dar continuidade ao atendimento dos clientes conquistados

( ) Acompanhar o processo de *onboarding* do cliente

( ) Monitorar a saúde do cliente

( ) Gerenciar as renovações de contrato ou recompra

( ) Cultivar e ampliar a rede de contatos na conta

( ) Construir relações de confiança com os contatos da conta

( ) Antecipar e tratar problemas com a conta

( ) Identificar e solucionar dificuldades com o uso do produto ou serviço

( ) Identificar e neutralizar "detratores" no cliente

( ) Identificar e estimular "promotores" no cliente

( ) Identificar novas oportunidades de negócios na conta

( ) Elaborar propostas de *cross-selling* e *upselling*

( ) Preparar e conduzir apresentações e demonstrações

( ) Mapear e atualizar o processo de compras da conta

( ) Mapear e atualizar os principais concorrentes

( ) Conhecer os pontos fortes e fracos da concorrência

( ) Diferenciar-se da concorrência

( ) Negociar e fechar propostas

( ) Cumprir as metas de resultados estabelecidas

FUNÇÃO	*Customer Success*

Atividades

( ) Acompanhar e conduzir o processo de fechamento das novas vendas

( ) Administrar contingências

( ) Fazer a interlocução entre a conta e a sua empresa

( ) Enriquecer o cadastro da conta e dos contatos

( ) Usar efetivamente o sistema de vendas

( ) Manter conversas produtivas com os contatos da conta por e-mail, mensagem, telefone e redes sociais

( ) Fazer *follow-up* das atividades

( ) Criar e aprimorar fluxos de atividades de *customer success*

( ) Desenvolver-se continuamente em técnicas de vendas, habilidades comportamentais, conhecimento sobre os produtos e serviços e sobre o mercado

( ) Manter um *churn* de .... clientes por .... (mês/trimestre/ano)

( ) Manter um *churn* de .... % por .... (mês/trimestre/ano)

( ) Manter um NPS de .... %

( ) Manter um índice de renovação ou recompra de .... %

( ) Gerar .... oportunidades de *cross-selling* por .... (mês/trimestre/ano)

( ) Gerar .... oportunidades de *upselling* por .... (mês/trimestre/ano)

( ) Gerar R$ .... em oportunidades de negócio qualificadas por .... (mês/trimestre/ano)

( ) ....

( ) ....

( ) ....

( ) ....

( ) ....

FUNÇÃO	*Customer Success*

Remuneração

( ) Fixa: R$ .... por mês

( ) Variável: .... % sobre os negócios fechados

( ) Variável: R$ .... por negócio fechado

( ) Variável: R$ .... se atingir a meta de *churn* de .... % por .... (mês/trimestre/ano)

( ) Variável: R$ .... se atingir a meta de renovação de .... % por .... (mês/trimestre/ano)

( ) Variável: R$ .... se atingir a meta de NPS de .... % por .... (mês/trimestre/ano)

( ) Variável: R$ .... se atingir a meta de R$ .... em vendas em .... (mês/trimestre/ano)

( ) Remuneração média estimada de R$ .... por mês

( ) ....

( ) ....

( ) ....

( ) ....

( ) ....

Benefícios

( ) Vale-transporte

( ) Vale-refeição de R$ .... por dia

( ) Vale-alimentação de R$ .... por mês

( ) Plano de saúde. Condições: ....

( ) Plano odontológico. Condições: ....

( ) ....

( ) ....

( ) ....

( ) ....

( ) ....

FUNÇÃO	*Customer Success*

Local de Trabalho

( ) Interno ( ) Externo
( ) Local (endereço designado pela empresa)
( ) Home Office
( ) Híbrido
( ) ....

Carga Horária

( ) De .... às .... , de ....
a ....
( ) De .... às .... , aos ....
( ) .... horas por ....
(dia/semana/mês)
( ) Por tarefa/resultado: .... por
.... (dia/semana/mês)
( ) ....
( ) ....
( ) ....
( ) ....
( ) ....

_____
_____
_____
_____
_____
_____
_____
_____
_____

"Toda a empatia entre vendedor e cliente é perdida quando ele tenta empurrar um produto ou serviço goela abaixo."

AARON ROSS

Escolher o(s) *software(s)* de vendas que você usará

Para implementar a metodologia de Receita Previsível, você precisará de um ou mais *softwares* para conseguir gerir todos os processos de pré-vendas, vendas e *customer success*. Se você já possui um sistema, terá de reavaliá-lo para verificar se ele se adequa às novas necessidades do seu processo de vendas.

O *software* mais usado no mundo e provavelmente o mais completo é o Salesforce.com. Além de possuir praticamente tudo o que você precisará para a sua "máquina de vendas", existem centenas de aplicativos desenvolvidos para se integrar ao Salesforce, justamente por ele ser o sistema de vendas mais popular do mundo. No entanto, para algumas empresas, a sua implementação pode extrapolar o orçamento e, devido à grande quantidade de recursos disponíveis, o tempo de treinamento e adaptação da equipe de vendas pode ser mais longo.

Um *software* bem mais simples, com preço bastante acessível e que resolve boa parte dos processos dos quais você precisará é o Pipedrive.com. Ele é uma boa alternativa para quem quer começar a implementar o processo de previsibilidade de receita. Com ele, você conseguirá gerenciar as contas e contatos, criar processos e funis, e até realizar algumas automações.

O fato é que não há uma solução ideal para todos os tipos de empresas. As empresas costumam incorporar sistemas mais sofisticados à medida que aprimoram seus processos. Você pode, por exemplo, usar o próprio Pipedrive para enviar e-mails para os *leads*, mas ferramentas mais especializadas como o MailChimp ou o RD Station lhe darão muito mais informações e possibilidades de integração de fluxos de cadência.

•••

Do ponto de vista funcional, um *software* de vendas deve ser capaz de:

- ▶ Gerenciar as suas contas e contatos.
- ▶ Gerenciar sua equipe de vendas (SDRs, MRRs, Executivos de Contas e CS).
- ▶ Gerenciar os produtos e serviços que você vende.
- ▶ Gerenciar as vendas, o faturamento e a contribuição marginal.
- ▶ Criar processos de pré-vendas, vendas e *Customer Success*.
- ▶ Integrar os processos movendo os *leads* e clientes de acordo com seu *status*.
- ▶ Gerenciar o ciclo de vendas.
- ▶ Criar relatórios e *dashboards* de acompanhamento.
- ▶ Integrar-se com o seu sistema legado (atual).
- ▶ Permitir o acesso remoto à equipe de vendas por smartphone e computador.
- ▶ Integrar-se com outras ferramentas complementares: e-mail, automação de marketing, redes sociais, atendimento, *call center*, *business intelligence*, etc.

Além dos atributos funcionais mencionados, você também deve avaliar outras questões, como: custos de implementação e manutenção, disponibilidade de suporte, idioma da ferramenta – pois algumas podem não ter versão em português –, necessidade de treinamento da equipe, facilidade de uso, funcionamento na nuvem (*cloud*) ou instalação local (*on-premises*).

🖐 COLOCANDO EM PRÁTICA

10.1. Releia os **Capítulos 4, 5 e 6** (📖 p. 90-175) do livro *Receita Previsível* (2ª edição) para ter uma noção mais aprofundada do que o seu sistema de vendas terá de ser capaz de gerenciar.

10.2. Marque os requisitos necessários ao seu sistema de vendas e a importância relativa de cada um deles na sua decisão, em que 1 representa a menor importância e 5 a maior importância.

Requisito	Descrição	Importância
( )	Gerenciar as suas contas e contatos	① ② ③ ④ ⑤
( )	Gerenciar sua equipe de vendas	① ② ③ ④ ⑤
( )	Gerenciar os produtos e serviços que você vende	① ② ③ ④ ⑤
( )	Gerenciar as vendas, o faturamento e a contribuição marginal	① ② ③ ④ ⑤
( )	Criar processos de pré-vendas, vendas e *customer success*	① ② ③ ④ ⑤
( )	Integrar os processos movendo os *leads* e clientes de acordo com seu status	① ② ③ ④ ⑤
( )	Gerenciar o ciclo de vendas	① ② ③ ④ ⑤
( )	Criar relatórios e *dashboards* de acompanhamento	① ② ③ ④ ⑤
( )	Integrar-se com o seu sistema legado (atual)	① ② ③ ④ ⑤
( )	Permitir o acesso remoto à equipe de vendas por smartphone e computador	① ② ③ ④ ⑤
( )	Integrar-se com outras ferramentas complementares	① ② ③ ④ ⑤
( )	Custos de implementação e manutenção	① ② ③ ④ ⑤
( )	Disponibilidade de suporte	① ② ③ ④ ⑤
( )	Idioma português	① ② ③ ④ ⑤

Requisito	Descrição	Importância
( )	Disponibilidade de treinamento	① ② ③ ④ ⑤
( )	Facilidade de uso	① ② ③ ④ ⑤
( )	Versão *mobile*	① ② ③ ④ ⑤
( )	Licença tipo SaaS (*Software as a Service*)	① ② ③ ④ ⑤
( )	Licença para uso *on-premises*	① ② ③ ④ ⑤
( )	Ter versão na nuvem (*cloud*)	① ② ③ ④ ⑤
( )		① ② ③ ④ ⑤
( )		① ② ③ ④ ⑤
( )		① ② ③ ④ ⑤
( )		① ② ③ ④ ⑤
( )		① ② ③ ④ ⑤

10.3. A seguir, escreva os requisitos que você escolheu para avaliar o sistema de vendas: a importância (de 1 a 5), a nota "N" (de 1 a 5) para sua avaliação do quesito em questão, e a nota "NP", que é o valor que você deu para a "importância" **multiplicado** pela nota "N" do *software* avaliado. Depois de pontuar todos os *softwares* que você está avaliando, **some todas as pontuações** da coluna "NP" e veja qual a "NOTA TOTAL" de cada um dos sistemas de vendas que você está comparando. Teoricamente, aquele com a maior pontuação é o melhor para você.

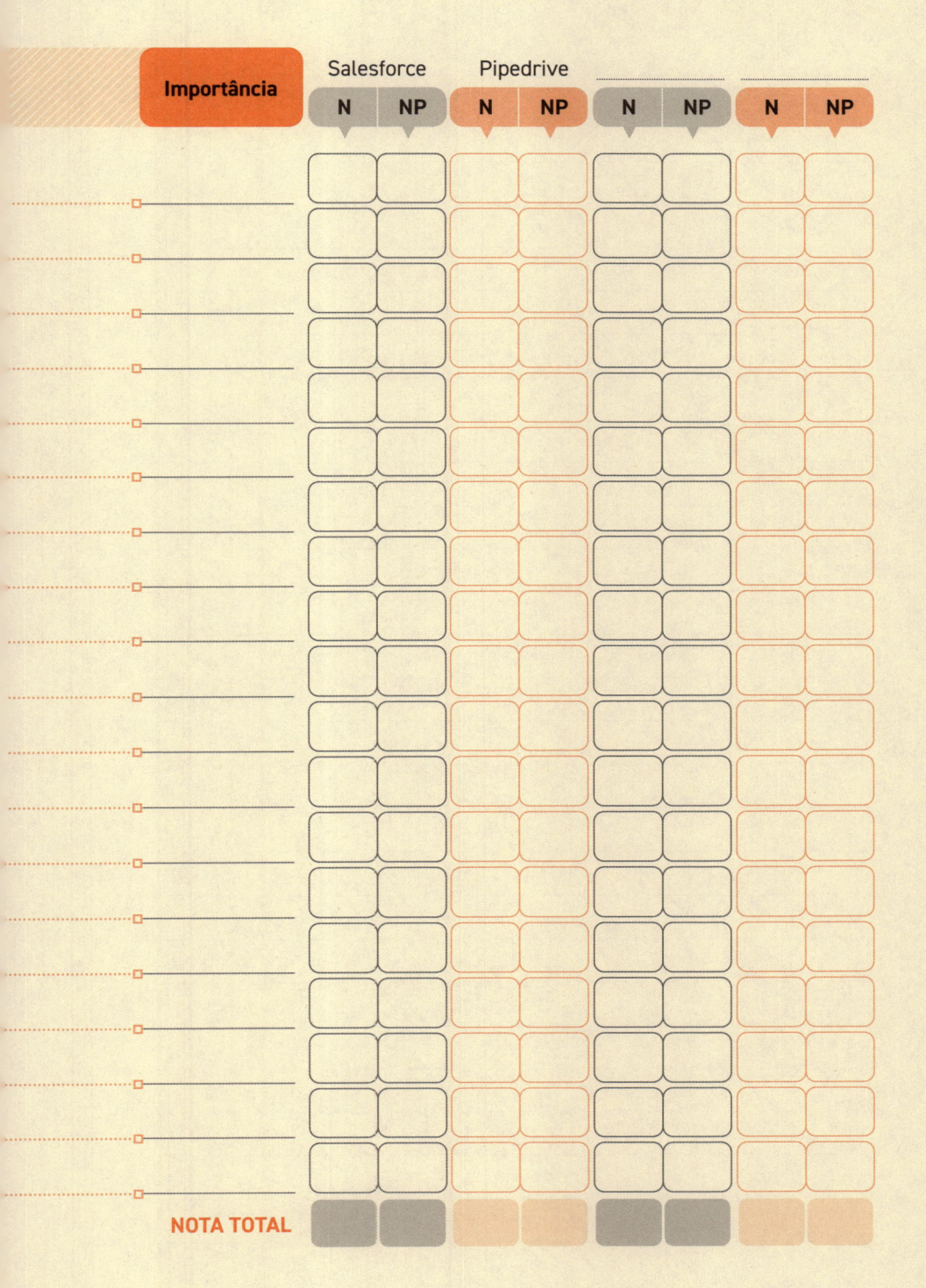

Importância	Salesforce		Pipedrive					
	N	NP	N	NP	N	NP	N	NP
NOTA TOTAL								

"Seja qual for o sistema que você escolher
ou usar, o mais importante é usá-lo."

AARON ROSS

Aumentar a adesão ao seu sistema de automação da força de vendas

Agora que você já escolheu o sistema (ou sistemas) de automação da força de vendas mais adequado para a sua empresa, precisará se empenhar para que seu time o utilize no dia-a-dia. É importante ressaltar que o processo de adesão ao sistema não acontece de forma automática, simplesmente porque você o comprou ou porque isso faz parte do trabalho do seu pessoal de vendas.

Quando estamos lidando com pessoas, temos de entender que cada uma delas terá maior ou menor facilidade em usar novas tecnologias; algumas podem se sentir ameaçadas e não quererem compartilhar informações dos clientes "delas" com você; e outras ainda podem se sentir inseguras por não dominarem tão bem os novos sistemas e processos como dominavam aqueles que já estavam acostumadas antes. Tudo isso pode gerar alguma resistência, mas nada que você não consiga superar com as medidas que sugerimos a seguir.

No entanto, você precisa dar o exemplo e tornar-se uma referência para o seu time. Quando o CEO ou o Diretor de Vendas usa o sistema de automação e refere-se a ele diariamente, as chances de o time usá-lo adequadamente são imensamente maiores. Em outras palavras, se o time de vendas percebe que o uso do sistema é realmente importante para a Direção da empresa, eles o usarão; caso contrário, as chances de você fracassar na implementação e perder boa parte do seu investimento são grandes.

Então, para extrair o melhor do seu sistema de automação da força de vendas e assegurar uma implementação efetiva, dedique algum tempo para analisar e para definir como você lidará com cada uma das 10 sugestões a seguir.

⩇ COLOCANDO EM PRÁTICA

11.1. Releia o **Capítulo 13** (📖 p. 270) do livro *Receita Previsível* (2ª edição) e relembre as 10 maneiras de aumentar a adesão do seu sistema de automação da força de vendas.

O QUÊ? Crie um *dashboard* que seja útil para os gestores, incluindo o CEO. Inclua um tempo na reunião de Diretoria para discutir esse *dashboard*.

📅 **QUANDO?** _____ / _____ / _____ a _____ / _____ / _____

⚙ **COMO?** _____
_____
_____

👤 **RESPONSÁVEL** _____

O QUÊ? Limpe a sujeira do seu sistema para melhorar a usabilidade.

📅 **QUANDO?** _____ / _____ / _____ a _____ / _____ / _____

⚙ **COMO?** _____
_____
_____

👤 **RESPONSÁVEL** _____

O QUÊ? Faça com que a remuneração seja dependente de relatórios precisos do seu sistema.

📅 **QUANDO?** (........... / .... / ....) a (........... / .... / ....)

⚙ **COMO?** _____

_____

_____

_____

_____

👤 **RESPONSÁVEL** _____

O QUÊ? Comunique de forma clara os motivos pelos quais a adoção do sistema é importante.

📅 **QUANDO?** (........... / .... / ....) a (........... / .... / ....)

⚙ **COMO?** _____

_____

_____

_____

_____

👤 **RESPONSÁVEL** _____

O QUÊ? Customize a interface dos usuários por função.

📅 **QUANDO?** (........... / .... / ....) a (........... / .... / ....)

⚙ **COMO?** _____
_____
_____
_____
_____

👤 **RESPONSÁVEL** _____

O QUÊ? Comece a treiná-los e a criar expectativas como se fosse o primeiro dia de trabalho.

📅 **QUANDO?** (........... / .... / ....) a (........... / .... / ....)

⚙ **COMO?** _____
_____
_____
_____
_____

👤 **RESPONSÁVEL** _____

O QUÊ? Faça da adesão ao sistema parte da cultura
de vendas e da pressão dos colegas.

📅 **QUANDO?** .... / .... / .... a .... / .... / ....

⚙ **COMO?** _____

_____

_____

_____

_____

👤 **RESPONSÁVEL** _____

O QUÊ? Faça uma aula do treinamento on-line do seu sistema.

📅 **QUANDO?** .... / .... / .... a .... / .... / ....

⚙ **COMO?** _____

_____

_____

_____

_____

👤 **RESPONSÁVEL** _____

O QUÊ? Contrate um usuário experiente do seu sistema para fazer sessões de treinamento individuais com o seu pessoal.

📅 **QUANDO?** .... / .... / .... a .... / .... / ....

⚙ **COMO?** _____
_____
_____
_____
_____

👤 **RESPONSÁVEL** _____

O QUÊ? Avalie a versão *mobile* do seu sistema.

📅 **QUANDO?** .... / .... / .... a .... / .... / ....

⚙ **COMO?** _____
_____
_____
_____
_____

👤 **RESPONSÁVEL** _____

"Quanto mais fácil for para o seu pessoal aderir – melhor usabilidade, treinamento de fácil compreensão, tutorial inicial –, mais facilmente irão fazê-lo."

AARON ROSS

3ª ETAPA

Implementar o **PROCESSO** de *COLD CALLING 2.0* de Receita Previsível

1º Passo - Estabelecer o Perfil Ideal de Cliente (PIC) de forma clara

Na 1ª etapa, você tomou a decisão de avançar no processo de implementação da metodologia de Receita Previsível na sua empresa. Na 2ª etapa, você reorganizou a sua estrutura e o seu time de vendas, escolheu os sistemas de vendas e garantiu o cumprimento das premissas necessárias à metodologia. Agora, na 3ª etapa, o desafio será implementar o processo de *cold calling 2.0* na sua empresa.

Relembrando, o processo de *cold calling 2.0* é composto por cinco passos:

- ➨ **1º PASSO:** Estabeleça o Perfil Ideal do Cliente (PIC) de forma bem clara
- ➨ **2º PASSO:** Construa a sua lista de contas e contatos
- ➨ **3º PASSO:** Faça campanhas de e-mail *outbound*
- ➨ **4º PASSO:** Venda o sonho
- ➨ **5º PASSO:** Passe o bastão

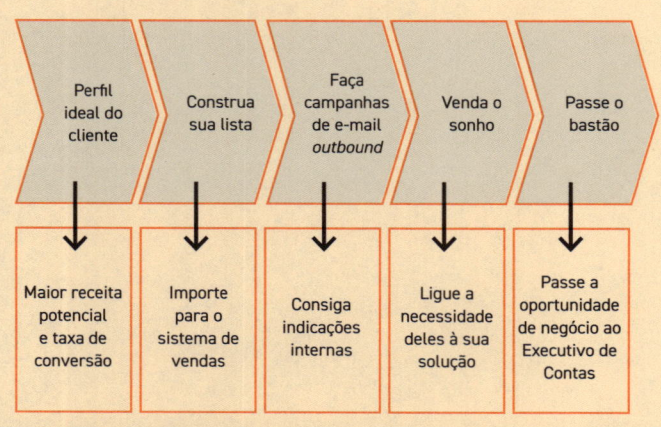

Os 5 passos do processo de *cold calling 2.0*

Iniciaremos essa etapa com o primeiro e mais importante elemento do processo: a definição do PIC, ou dos PICs. Isso mesmo, você pode ter mais de um PIC, mas limite-se a no máximo cinco, pois quando você ultrapassa esse limite, existe um sério risco de estar perdendo seu foco.

O PIC contribui para maximizar a produtividade do marketing e das vendas de várias formas:

▸ Ajuda a encontrar mais facilmente grandes clientes por meio da segmentação inteligente.
▸ Elimina mais rapidamente os clientes que não têm o perfil.

Essas duas frentes fazem com que o ciclo de vendas seja mais rápido e aumentam as taxas de conversão.

O PIC é a descrição do perfil de cliente que reúne as duas características fundamentais para acelerar o seu ciclo de vendas: receita potencial elevada e alta probabilidade de fechar o negócio, ou seja, de comprar o seu produto ou serviço.

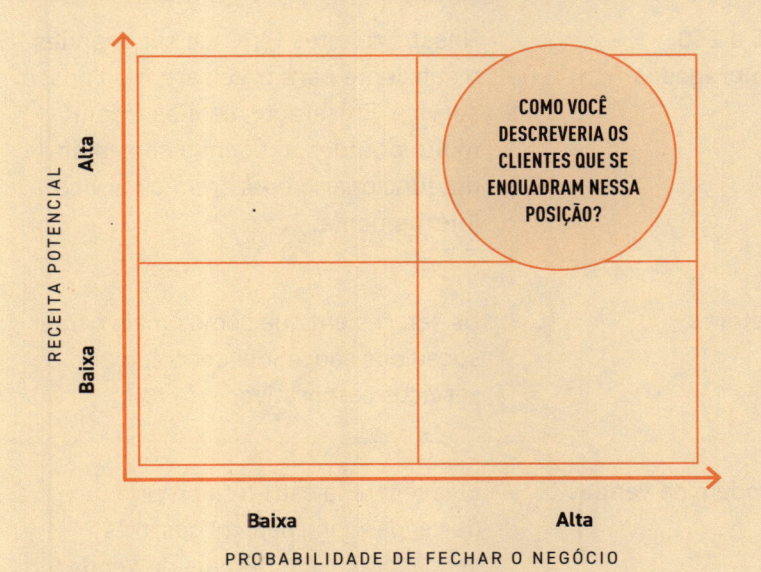

Identificando o Perfil Ideal de Cliente (PIC)

Mas lembre-se de que você precisará rever e aperfeiçoar os seus PICs regularmente à medida que for obtendo resultados e o *feedback* do seu time de vendas.

✋ COLOCANDO EM PRÁTICA

12.1. Releia o **Capítulo 5** (📖 p. 106) do livro *Receita Previsível* (2ª edição), se necessário.

12.2. Veja o exemplo de PIC a seguir e, logo após, defina até cinco perfis ideais de clientes para o seu negócio e dois contatos ideais para cada um desses perfis.

CRITÉRIOS QUE NÓS QUEREMOS	POR QUÊ?
25 a 250 empregados	Nossos clientes têm que ser grandes o suficiente para precisarem do nosso serviço. Entretanto, se eles forem muito grandes, tendem a contratar um funcionário e fazerem o serviço internamente.
Setores	Os setores em que somos mais bem-sucedidos são: mídia, tecnologia e serviços corporativos.
Modelo de vendas	Eles têm uma estrutura própria de vendas com, pelo menos, três vendedores e um Gerente de Vendas.

CRITÉRIOS QUE NÓS QUEREMOS	POR QUÊ?
Gastam mais que R$ ||||| por mês em ||||||||||||||||||||||	Essa função é importante para eles e terão condições de nos pagar.
Situação financeira	Empresas em crescimento ou rentáveis têm sido nossos melhores clientes a longo prazo. Organizações com dificuldade acabam se tornando clientes problemáticos.
Sem agência de publicidade	Se eles trabalham com alguma agência de publicidade, provavelmente não nos contratarão, a menos que estejam procurando substituí-la.
Pessoas e valores	As pessoas com as quais fazemos negócio são inteligentes, honestas, responsáveis, colaborativas e respeitáveis. Nossos melhores clientes a longo prazo são aqueles dos quais gostamos como se fossem nossos amigos.
Sem funcionários	Se existe alguém na empresa cuja única responsabilidade é |||||||||||||||, eles nos verão como desnecessários.
Sistema atual	Eles devem usar algum sistema de |||||||||||. De preferência poderia ser ||||||||||||| ou |||||||||||||.

Exemplo de critérios para a elaboração do PIC

PIC Nº 1 ....

ITEM	CRITÉRIOS	POR QUÊ?
1	....	....
2	....	....
3	....	....
4	....	....
5	....	....
6	....	....
7	....	....
8	....	....
9	....	....
10	....	....

CONTATO IDEAL 1A

ITEM	DESAFIOS	DESCRIÇÃO
1	Quais são os seus maiores desafios?	
2	O que faz você perder o sono?	
3	Quais são as suas principais frustrações?	
4	Você tem medo de quê?	
5	O que é mais importante para você?	
6	Quanto você investe nisso atualmente?	
7	O que você realmente quer?	

CONTATO IDEAL 1B

ITEM	DESAFIOS	DESCRIÇÃO
1	Quais são os seus maiores desafios?	
2	O que faz você perder o sono?	
3	Quais são as suas principais frustrações?	
4	Você tem medo de quê?	
5	O que é mais importante para você?	
6	Quanto você investe nisso atualmente?	
7	O que você realmente quer?	

PIC Nº 2

ITEM	CRITÉRIOS	POR QUÊ?
1		
2		
3		
4		
5		
6		
7		
8		
9		
10		

CONTATO IDEAL 2A

....

ITEM	DESAFIOS	DESCRIÇÃO
1	Quais são os seus maiores desafios?	
2	O que faz você perder o sono?	
3	Quais são as suas principais frustrações?	
4	Você tem medo de quê?	
5	O que é mais importante para você?	
6	Quanto você investe nisso atualmente?	
7	O que você realmente quer?	

CONTATO IDEAL 2B

....

ITEM	DESAFIOS	DESCRIÇÃO
1	Quais são os seus maiores desafios?	
2	O que faz você perder o sono?	
3	Quais são as suas principais frustrações?	
4	Você tem medo de quê?	
5	O que é mais importante para você?	
6	Quanto você investe nisso atualmente?	
7	O que você realmente quer?	

ITEM	CRITÉRIOS	POR QUÊ?
1		
2		
3		
4		
5		
6		
7		
8		
9		
10		

CONTATO IDEAL 3A

ITEM	DESAFIOS	DESCRIÇÃO
1	Quais são os seus maiores desafios?	
2	O que faz você perder o sono?	
3	Quais são as suas principais frustrações?	
4	Você tem medo de quê?	
5	O que é mais importante para você?	
6	Quanto você investe nisso atualmente?	
7	O que você realmente quer?	

CONTATO IDEAL 3B

ITEM	DESAFIOS	DESCRIÇÃO
1	Quais são os seus maiores desafios?	
2	O que faz você perder o sono?	
3	Quais são as suas principais frustrações?	
4	Você tem medo de quê?	
5	O que é mais importante para você?	
6	Quanto você investe nisso atualmente?	
7	O que você realmente quer?	

ITEM	CRITÉRIOS	POR QUÊ?
1		
2		
3		
4		
5		
6		
7		
8		
9		
10		

CONTATO IDEAL 4A

ITEM	DESAFIOS	DESCRIÇÃO
1	Quais são os seus maiores desafios?	
2	O que faz você perder o sono?	
3	Quais são as suas principais frustrações?	
4	Você tem medo de quê?	
5	O que é mais importante para você?	
6	Quanto você investe nisso atualmente?	
7	O que você realmente quer?	

CONTATO IDEAL 4B

ITEM	DESAFIOS	DESCRIÇÃO
1	Quais são os seus maiores desafios?	
2	O que faz você perder o sono?	
3	Quais são as suas principais frustrações?	
4	Você tem medo de quê?	
5	O que é mais importante para você?	
6	Quanto você investe nisso atualmente?	
7	O que você realmente quer?	

ITEM	CRITÉRIOS	POR QUÊ?
1		
2		
3		
4		
5		
6		
7		
8		
9		
10		

CONTATO IDEAL 5A

ITEM	DESAFIOS	DESCRIÇÃO
1	Quais são os seus maiores desafios?	
2	O que faz você perder o sono?	
3	Quais são as suas principais frustrações?	
4	Você tem medo de quê?	
5	O que é mais importante para você?	
6	Quanto você investe nisso atualmente?	
7	O que você realmente quer?	

CONTATO IDEAL 5B

ITEM	DESAFIOS	DESCRIÇÃO
1	Quais são os seus maiores desafios?	
2	O que faz você perder o sono?	
3	Quais são as suas principais frustrações?	
4	Você tem medo de quê?	
5	O que é mais importante para você?	
6	Quanto você investe nisso atualmente?	
7	O que você realmente quer?	

"A coisa mais importante que você tem a fazer para tornar todo esse processo eficaz é investir tempo suficiente para estabelecer um perfil claro do tipo de cliente ideal para o seu negócio."

AARON ROSS

Elaborar um processo de *lead scoring*, ou pontuação dos *leads*

Agora que você já definiu os perfis de cliente ideal para o seu negócio, é importante elaborar o seu sistema de pontuação para os *leads*, também conhecido como *lead scoring*. Esse procedimento é fundamental para que os MRRs e SDRs qualifiquem os *leads* de maneira adequada, adicionando pontos quando o *lead* possui características ou tome ações que o aproximem do PIC, e subtraindo pontos quando se afasta do PIC ou toma ações que o desqualifiquem como um potencial cliente. Alguns *softwares* de vendas possuem a funcionalidade de pontuação de *leads*, o que pode facilitar bastante esse trabalho.

O *lead scoring* ajudará você a se livrar mais rapidamente dos clientes com baixo potencial de negócios e que não têm o perfil adequado, e o levará mais rapidamente aos clientes que interessam, ou seja, aqueles que foram definidos nos seus PICs da atividade anterior.

COLOCANDO EM PRÁTICA

13.1. o **Capítulo 6** (p. 144) do livro *Receita Previsível* (2ª edição).

13.2. Veja a seguir o exemplo de *lead scoring* usado pela Marketo e, depois, elabore o seu próprio sistema de *lead scoring* para cada um dos PICs que você criou na Atividade 12.

Exemplo de critérios para a elaboração do PIC:

PONTUAÇÃO	CRITÉRIOS
	ASPECTOS DEMOGRÁFICOS
+ 30	Baseado na avaliação manual do *prospect*
+ 0 a 8	Baseado no cargo da pessoa
	FONTE DO *LEAD* E OFERTAS NO SITE
+ 7	*Lead* vindo do site
- 5	*Lead* vindo de ofertas feitas por especialistas
	ENGAJAMENTO COMPORTAMENTAL
+ 1	Se visitar qualquer página ou abrir qualquer e-mail
+ 5	Para cada *demo* assistida
+ 5	Se fizer a inscrição para um *webinar*
+ 5	Se participar de um *webinar*
+ 5	Se fizer o *download* de algum conteúdo dos especialistas
+ 12	Se fizer o *download* das avaliações da Marketo
+ 7	Se navegar em oito páginas ou mais, em uma única visita
+ 8	Se visitar o site pelo menos duas vezes, em uma semana
+ 15	Se pesquisou a palavra-chave "Marketo"
+ 5	Se visitar a página com os planos e preços
- 10	Se visitar a página "trabalhe conosco" (adoro essa!)
	SE NÃO HOUVER ATIVIDADE DO *LEAD* DENTRO DE UM MÊS, ELE COMEÇA A PERDER PONTOS
- 15	Se a pontuação dele for maior do que 30 pontos
- 5	Se a pontuação dele estiver entre 0 e 30

Critérios e pontuações do *lead scoring* usados pela Marketo

LEAD SCORING DO PIC Nº 1

PONTUAÇÃO	CRITÉRIOS
ASPECTOS DEMOGRÁFICOS	
FONTE DO LEAD	
ENGAJAMENTO COMPORTAMENTAL	

PONTUAÇÃO	CRITÉRIOS
	ENGAJAMENTO COMPORTAMENTAL

SE NÃO HOUVER ATIVIDADE DO *LEAD* DENTRO DE _____ , ELE COMEÇA A PERDER PONTOS

PONTUAÇÃO	
	Pontuação máxima possível
	Desqualificar o *lead* abaixo dessa pontuação
	Qualificar o *lead* acima dessa pontuação
	Priorizar o *lead* acima dessa pontuação

PONTUAÇÃO	CRITÉRIOS
	ASPECTOS DEMOGRÁFICOS

PONTUAÇÃO	CRITÉRIOS
	FONTE DO *LEAD*

PONTUAÇÃO	CRITÉRIOS
	ENGAJAMENTO COMPORTAMENTAL

PONTUAÇÃO	CRITÉRIOS

ENGAJAMENTO COMPORTAMENTAL	

**SE NÃO HOUVER ATIVIDADE DO *LEAD* DENTRO DE .... ,
ELE COMEÇA A PERDER PONTOS**

PONTUAÇÃO	
	Pontuação máxima possível
	Desqualificar o *lead* abaixo dessa pontuação
	Qualificar o *lead* acima dessa pontuação
	Priorizar o *lead* acima dessa pontuação

LEAD SCORING DO PIC Nº 3

PONTUAÇÃO	CRITÉRIOS
	ASPECTOS DEMOGRÁFICOS
	FONTE DO LEAD
	ENGAJAMENTO COMPORTAMENTAL

PONTUAÇÃO	CRITÉRIOS
	ENGAJAMENTO COMPORTAMENTAL

PONTUAÇÃO	CRITÉRIOS
	SE NÃO HOUVER ATIVIDADE DO *LEAD* DENTRO DE .... , ELE COMEÇA A PERDER PONTOS

PONTUAÇÃO	
	Pontuação máxima possível
	Desqualificar o *lead* abaixo dessa pontuação
	Qualificar o *lead* acima dessa pontuação
	Pricrizar o *lead* acima dessa pontuação

LEAD SCORING DO PIC Nº 4

PONTUAÇÃO	CRITÉRIOS
ASPECTOS DEMOGRÁFICOS	
FONTE DO LEAD	
ENGAJAMENTO COMPORTAMENTAL	

PONTUAÇÃO	CRITÉRIOS
	ENGAJAMENTO COMPORTAMENTAL

PONTUAÇÃO	CRITÉRIOS
	SE NÃO HOUVER ATIVIDADE DO *LEAD* DENTRO DE .... , ELE COMEÇA A PERDER PONTOS

	PONTUAÇÃO
	Pontuação máxima possível
	Desqualificar o *lead* abaixo dessa pontuação
	Qualificar o *lead* acima dessa pontuação
	Priorizar o *lead* acima dessa pontuação

LEAD SCORING DO PIC Nº 5

PONTUAÇÃO	CRITÉRIOS
ASPECTOS DEMOGRÁFICOS	
FONTE DO *LEAD*	
ENGAJAMENTO COMPORTAMENTAL	

PONTUAÇÃO	CRITÉRIOS

ENGAJAMENTO COMPORTAMENTAL

SE NÃO HOUVER ATIVIDADE DO *LEAD* DENTRO DE .... **,
ELE COMEÇA A PERDER PONTOS**

PONTUAÇÃO

	Pontuação máxima possível
	Desqualificar o *lead* abaixo dessa pontuação
	Qualificar o *lead* acima dessa pontuação
	Pricrizar o *lead* acima dessa pontuação

"O mais importante é começar
(o *lead scoring*). Depois avalie os
resultados, aprenda e aprimore o
processo até que ele se torne útil."

2º Passo - Construir a sua lista de contas e contatos

Agora que você já definiu os perfis de clientes ideais para o seu negócio e os contatos ideais para cada um desses perfis, o **2º Passo** do processo de *cold calling 2.0* é construir uma lista de contas e contatos que tenham, a princípio, algumas das características que você estabeleceu.

Essas listas podem ser obtidas de fontes internas e externas. Como fonte interna, você pode levantar na sua base de clientes aquelas contas que estão inativas há um bom tempo e usá-las nesse processo. No entanto, até mesmo essas contas que você já possui precisam ser qualificadas, pois o perfil desses clientes antigos pode não se enquadrar em um dos PICs que você estabeleceu.

Como fontes externas, você pode usar empresas especializadas que comercializam essas informações e adquirir delas bases de dados que mais se adequem ao PIC que você definiu. Porém, também é possível encontrar informações gratuitas sobre contas e contatos em sites de associações empresariais, de órgãos governamentais e até de empresas privadas que disponibilizam esses dados em seus sites.

Outra boa fonte para identificar contas relevantes é por meio da localização de publicações setoriais, como revistas e *rankings* anuais que destacam as maiores e melhores empresas, tais quais as *500 da Fortune* (nos Estados Unidos) ou as *Maiores e Melhores da Exame* (Brasil).

Também é possível encontrar contas potencialmente atraentes nos sites das feiras e dos eventos mais relevantes de cada setor. Em geral, as feiras de abrangência nacional e internacional que acontecem no seu mercado terão como expositoras as maiores e melhores empresas do setor. Portanto, os sites e catálogos desses eventos – que normalmente apresentam a lista de todos os expositores – revelam boas contas potenciais para sua prospecção.

Você ainda pode reunir-se com seu time de vendas e tentar elencar o nome de contas que, pelo conhecimento deles e pelo seu, são notoriamente interessantes para o seu negócio.

A obtenção de dados e informações sobre contas e contatos é sempre um desafio, pois as empresas podem ter várias unidades, os contatos mudam de função constantemente e seus e-mails e telefones também. No entanto, isso não é motivo para impedi-lo, pois existem ferramentas que possibilitam a obtenção de informações bastante atualizadas dos contatos, como o Sales Navigator do LinkedIn.

Outra dica importante é verificar se o seu sistema de vendas consegue se integrar a essas bases de dados sem a necessidade de você ter que cadastrar todos esses dados novamente. A maioria dos *softwares* de vendas permite a importação de bases de dados. O mais trabalhoso é quando as informações das contas e contatos não estão disponíveis no formato de bancos de dados, como no caso de *prospects* extraídos de publicações impressas ou de sites. Quanto mais estruturada a informação, melhor, pois você gastará menos tempo no processo de cadastramento das contas e contatos no seu sistema de vendas.

Outra questão que surge quando se trata de construir sua lista de contas e contatos é a seguinte: de quantos *prospects* precisarei para gerar a quantidade de *leads* qualificados necessária para alcançar a receita desejada?

Essa resposta virá apenas com o tempo, pois a produtividade e as estatísticas de conversão de seus SDRs e MRRs só irão se estabilizar e se tornar claras com o tempo. Mas um bom começo é usar a capacidade de trabalho dos seus SDRs para garantir que eles tenham contas suficientes para preencher o tempo de trabalho.

Se considerarmos que um SDR pode enviar 50 e-mails por dia, então estamos falando de aproximadamente 250 contas por semana, ou algo como 1.000 contas por mês, por SDR. Logo, cada um de seus SDRs deve ter cerca de 1.000 contas para trabalhar mensalmente. No entanto, esse número pode variar bastante dependendo do mercado em que você atua. Se estivermos falando de Universidades, por exemplo, pode não haver essa quantidade de contas no seu mercado. Por outro lado, se você vende algum produto ou serviço para todos os tipos de empresa, você pode ter milhões de contas em perspectiva. Portanto, a quantidade de contas e contatos deve ser proporcional ao seu mercado e às suas ambições em termos de receita.

Depois de internalizar todas essas considerações, você precisa agora se empenhar na construção das suas listas de contas e contatos. Quando a empresa não desempenha bem essa tarefa, existe o risco de os SDRs ficarem ociosos ou de, por falta de direcionamento ou até mesmo de experiência, escolherem contas inadequadas para prospectar. O ideal é que a empresa, na figura do Gestor de Vendas, disponibilize essas bases de dados e direcione os SDRs sobre quais contas eles devem prospectar.

COLOCANDO EM PRÁTICA

14.1. Releia o **Capítulo 5** (p. 106) do livro *Receita Previsível* (2ª edição), se necessário.

14.2. Planeje a seguir a quantidade de contas e contatos necessários e as fontes de onde você irá obtê-los.

FONTES INTERNAS

DESCRIÇÃC	QUANTIDADE DE CONTAS	QUANTIDADE DE CONTATOS
SUBTOTAL		

FONTES EXTERNAS

DESCRIÇÃC	QUANTIDADE DE CONTAS	QUANTIDADE DE CONTATOS
SUBTOTAL		
TOTAL		

"A principal ferramenta de prospecção
dos SDRs para abordar novos contatos é
o envio de e-mails em massa."

AARON ROSS

3º Passo - Fazer campanhas de e-mail *outbound*

Como foi dito no **Capítulo 5** do livro *Receita Previsível* (2ª edição), "Os 5 passos do processo de *cold calling 2.0*", o envio de e-mails em massa para novos contatos é a principal ferramenta de prospecção dos SDRs, ou seja, é o envio desses e-mails que garantirá um fluxo contínuo de geração de *leads* para o seu negócio, e isso é o que garantirá a previsibilidade da receita.

Há basicamente dois tipos de campanhas: para novos contatos e para contatos antigos. Portanto, se você possui uma base significativa de clientes que estão inativos por algum motivo, poderá usar esses dados para transformar essas contas inativas em novas oportunidades de negócio – se elas se qualificarem durante o processo de prospecção, atendendo a um de seus perfis ideais de clientes e obtendo a pontuação necessária no seu *lead scoring*.

Na Atividade 14, você criou suas listas de contas e contatos para prospecção. Agora é a hora de usá-los e colocar a sua máquina de prospecção para funcionar. Para que isso seja feito de forma eficiente, você pode organizar suas campanhas usando grupos de contas segmentados de acordo com critérios, como:

1. Selecionar a vertical ou setor (varejo, financeiro, tecnologia, etc.).
2. Nível de receita.
3. Localização geográfica ou território.
4. Número de funcionários.
5. Modelo de negócio (B2B, B2C, agência, etc.).

...

6. Data da última atividade do contato.

7. Data da última atividade da conta.

8. Cargo ou função do contato (CEO, Diretor de Vendas, etc.).

9. Outros filtros que forem relevantes para o seu negócio.

Essa segmentação ajuda a organizar o trabalho, a preparar campanhas que tenham mais apelo e relevância para os contatos e a tornar o trabalho mais fácil de ser executado, além de direcionar melhor os SDRs. Por exemplo: você pode fazer uma campanha com os seus 2.000 clientes antigos durante duas semanas e, na semana seguinte, disparar outra campanha para um grupo de novos contatos de grande empresas de um setor específico. O ideal é que você organize as suas campanhas em um calendário de acordo com o que fizer mais sentido para o seu negócio, priorizando o que tem a maior probabilidade de trazer melhores resultados.

Agora que você já tem quase tudo pronto para entrar em ação, reserve um tempo para planejar as suas campanhas de e-mail *outbound*.

✋ COLOCANDO EM PRÁTICA

15.1. Releia o **Capítulo 5** (📖 p. 106) do livro *Receita Previsível* (2ª edição), se necessário.

15.2. Elabore os cronogramas trimestrais de campanhas de e-mail *outbound*. Planeje inicialmente apenas o primeiro trimestre de campanhas, até que você ganhe experiência e teste o que funciona melhor para o seu negócio. Mescle campanhas para novos e antigos contatos.

CRONOGRAMA TRIMESTRAL DE CAMPANHAS DE E-MAIL *OUTBOUND*

N° da Campanha	Quantidade de Contatos	DESCRIÇÃO DA CAMPANHA

| MÊS .... ANO .... | MÊS .... ANO .... | MÊS .... ANO .... |
SEMANA	SEMANA	SEMANA
1 2 3 4	1 2 3 4	1 2 3 4
1 2 3 4	1 2 3 4	1 2 3 4
1 2 3 4	1 2 3 4	1 2 3 4
1 2 3 4	1 2 3 4	1 2 3 4
1 2 3 4	1 2 3 4	1 2 3 4
1 2 3 4	1 2 3 4	1 2 3 4
1 2 3 4	1 2 3 4	1 2 3 4
1 2 3 4	1 2 3 4	1 2 3 4
1 2 3 4	1 2 3 4	1 2 3 4
1 2 3 4	1 2 3 4	1 2 3 4

143

CRONOGRAMA TRIMESTRAL DE CAMPANHAS DE E-MAIL *OUTBOUND*

N° da Campanha	Quantidade de Contatos	DESCRIÇÃO DA CAMPANHA

MÊS .... ANO	MÊS .... ANO	MÊS .... ANO ....
SEMANA	SEMANA	SEMANA
1 2 3 4	1 2 3 4	1 2 3 4
1 2 3 4	1 2 3 4	1 2 3 4
1 2 3 4	1 2 3 4	1 2 3 4
1 2 3 4	1 2 3 4	1 2 3 4
1 2 3 4	1 2 3 4	1 2 3 4
1 2 3 4	1 2 3 4	1 2 3 4
1 2 3 4	1 2 3 4	1 2 3 4
1 2 3 4	1 2 3 4	1 2 3 4
1 2 3 4	1 2 3 4	1 2 3 4
1 2 3 4	1 2 3 4	1 2 3 4

CRONOGRAMA TRIMESTRAL DE CAMPANHAS DE E-MAIL *OUTBOUND*

Nº da Campanha	Quantidade de Contatos	DESCRIÇÃO DA CAMPANHA

MÊS .... ANO				MÊS .... ANO				MÊS .... ANO			
SEMANA				SEMANA				SEMANA			
1	2	3	4	1	2	3	4	1	2	3	4
1	2	3	4	1	2	3	4	1	2	3	4
1	2	3	4	1	2	3	4	1	2	3	4
1	2	3	4	1	2	3	4	1	2	3	4
1	2	3	4	1	2	3	4	1	2	3	4
1	2	3	4	1	2	3	4	1	2	3	4
1	2	3	4	1	2	3	4	1	2	3	4
1	2	3	4	1	2	3	4	1	2	3	4
1	2	3	4	1	2	3	4	1	2	3	4
1	2	3	4	1	2	3	4	1	2	3	4

CRONOGRAMA TRIMESTRAL DE CAMPANHAS DE E-MAIL *OUTBOUND*

Nº da Campanha	Quantidade de Contatos	DESCRIÇÃO DA CAMPANHA

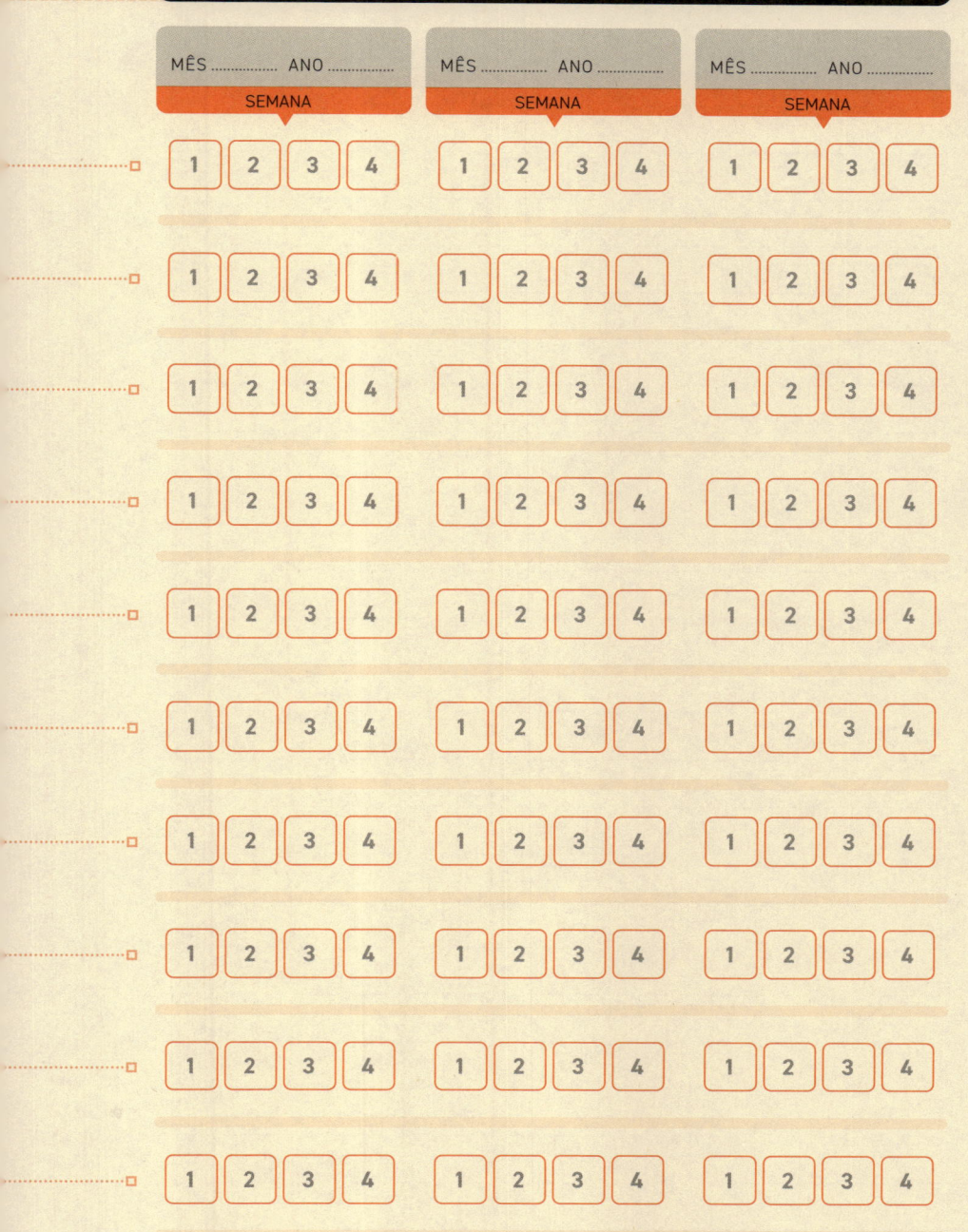

MÊS .... ANO ....
SEMANA
1 2 3 4

MÊS .... ANO ....
SEMANA
1 2 3 4

MÊS .... ANO ....
SEMANA
1 2 3 4

"O objetivo do envio de e-mails em massa é levar o *lead* para a próxima etapa."

AARON ROSS

4º Passo - Fazer *discovery calls* e vender o sonho

O **4º Passo** do processo de implementação da *cold calling 2.0* é vender o sonho. Assim que as suas campanhas de e-mail começarem a dar resultados e os seus SDRs conseguirem agendar as primeiras conversas, você precisará orientá-los sobre como conduzir essas *discovery calls* e como vender o sonho para eles.

Supondo que você esteja falando com um contato que se enquadre nos critérios previamente estabelecidos no PIC, o objetivo de "vender o sonho" não se trata de vender, de fato, mas sim:

▶ Ajudar o cliente a criar uma visão da solução ideal – dos sonhos – que irá resolver os problemas dele.
▶ Estabelecer a relação entre o seu produto ou serviço, os principais desafios do cliente e a solução idealizada por ele.

Nas *discovery calls*, o SDR deve manter o foco para não perder de vista a qualificação do *lead*, atestando se ele, de fato, possui as características necessárias estabelecidas no PIC e a pontuação mínima no *lead scoring*.

Outro ponto que o SDR deve tentar avaliar durante a ligação é o grau de comprometimento do contato com o qual está falando, o que pode ser feito por meio das perguntas a seguir:

▶ Há interesse do *lead*, mas ele está pronto para agir?
▶ Esse *lead* tem poder de decisão ou influência?
▶ Há um interesse real do *lead* em avançar para o próximo passo?

• • •

Depois de iniciada a conversa do SDR com o *lead*, ele deve lembrar-se de que o objetivo da *discovery call* é descobrir mais sobre o cliente, se ele se enquadra ou não no perfil ideal de cliente, o PIC. Logo, o SDR deve resistir à tentação de falar demais sobre seu próprio produto ou serviço. O SDR deve "puxar a língua" do contato, ou seja, deve instigá-lo a falar sobre o negócio dele e os desafios que enfrenta. Em outras palavras, o SDR deve escutar mais e falar menos.

COLOCANDO EM PRÁTICA

16.1. Releia o **Capítulo 5** (📖 p. 106) do livro *Receita Previsível* (2ª edição), se necessário.

16.2. Antes de investigar os problemas e desafios que o *lead* enfrenta, procure saber como o negócio dele funciona e como está estruturado. Parta das perguntas mais genéricas para as mais específicas. Ter um bom fluxo de qualificação para as *discovery calls* de seus SDRs é fundamental para a produtividade do processo de *cold calling 2.0*. A seguir, é apresentado um fluxo de seis etapas que pode ser bastante útil para o seu negócio.

1. **Abertura e apresentação**: "Te peguei numa hora ruim?".
2. **Discuta a situação atual** do negócio do cliente. Demonstre um interesse verdadeiro.
3. **Sonde quais são as necessidades** do cliente, e confirme o seu entendimento sobre elas.
4. **Posicione a sua solução** de forma a se encaixar ao problema que ele enfrenta.
5. Lide com as **objeções**.
6. Estabeleça os **próximos passos**.

Agora, construa o seu próprio fluxo de qualificação, colocando opções para cada uma das seis etapas.

1 ▸ **ABERTURA E APRESENTAÇÃO**

ITEM	PERGUNTA DE ABERTURA OU APRESENTAÇÃO
1	
2	
3	
4	
5	
6	

2 DISCUTA A SITUAÇÃO ATUAL DO NEGÓCIO

ITEM	PERGUNTA DE SONDAGEM SOBRE O NEGÓCIO
1	Como o seu time ou função de _____ está estruturado?
2	Como o seu processo de _____ funciona?
3	Que _____ o seu time usa para fazer _____, atualmente?
4	Há quanto tempo você usa esse _____?

ITEM	SUAS PRÓPRIAS PERGUNTAS
5	
6	
7	
8	
9	
10	

3 ▸ SONDE QUAIS SÃO AS NECESSIDADES

ITEM	PERGUNTA DE SONDAGEM DAS NECESSIDADES, PROBLEMAS E DESAFIOS
1	Quais são os seus desafios atuais? (Pergunte: "O que mais?", depois de cada resposta.)
2	Você já procurou alguma alternativa?
3	Você já teve alguma experiência ruim com outra alternativa? Como foi?
4	Onde _____ se encaixa na sua lista de prioridades? O que é mais importante que isso?
5	O que você imagina como uma solução ideal?
6	Como é tomada a decisão sobre esse tipo de coisa, na sua empresa?
7	Por que você adquiriu o _____ que usa atualmente? Quem tomou a decisão de aquisição?
8	Qual a chance de isso acontecer (um projeto/aquisição) ainda neste ano (próximos 6 meses)?
9	Por que fazer isso agora? (Ou, por que deixar para depois?)

SUAS PRÓPRIAS PERGUNTAS

10

11

12

13

14

15

16

Necessidade, problema ou desafio do cliente	Como o seu produto ou serviço atende à necessidade, problema ou desafio do cliente

Necessidade, problema ou desafio do cliente	Como o seu produto ou serviço atende à necessidade, problema ou desafio do cliente

Objeção	Argumento(s) para lidar com a objeção

Objeção	Argumento(s) para lidar com a objeção

6 ESTABELEAÇA OS PRÓXIMOS PASSOS

PASSO   DETALHES

1

2

3

4

5

6

7

PASSO	DETALHES
8	
9	
10	
11	
12	
13	
14	

"Uma vez iniciada a conversa por telefone com um cliente em potencial para identificar se ele se ajusta ou não ao perfil desejado (PIC), o SDR deve focar a discussão no negócio do cliente, e não no seu."

AARON ROSS

5º Passo – Fazer a passagem do *lead* do SDR para o Executivo de Contas

O **5º Passo** do processo de implementação da *cold calling 2.0* é o SDR, após qualificar o *lead*, passá-lo para o Executivo de Contas. Essa passagem de bastão deve ser feita de forma suave para não causar uma ruptura no processo.

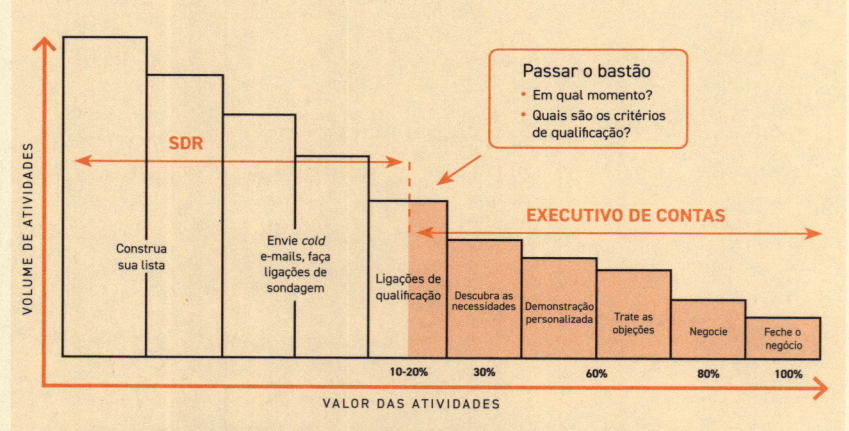

O momento certo do SDR passar o bastão para o Executivo de Contas

Para que o SDR passe essa nova oportunidade de negócio para o Executivo de Contas, ele deve garantir que algumas condições sejam atendidas:

1 A conta a ser repassada deve atender a um dos PICs que a sua empresa definiu.

2 O contato com o qual o SDR está conversando deve ter poder de decisão ou influência no processo decisório da conta.

3 Deve existir um interesse real do contato em dar o próximo passo, seja para definir o escopo de uma proposta ou para agendar uma ligação com o Executivo de Contas.

A transição do *lead* do SDR para o Executivo de Contas pode ser feita de três formas, a saber:

1 *Hot-transfer*: é quando o SDR transfere a ligação para o Executivo de Contas, colocando-os em contato. Essa é a melhor opção, quando for possível usá-la.

2 **Agendar uma ligação:** o SDR agenda uma ligação entre o *lead* e o Executivo de Contas. Essa alternativa é boa, caso você não consiga fazer a *hot-transfer*.

3 **Enviar um e-mail:** nesse caso, o SDR redige e envia um e-mail apresentando o *lead* e o Executivo de Contas, com os respectivos contatos de cada um, para que eles possam se falar.

COLOCANDO EM PRÁTICA

17.1. Releia o **Capítulo 5** (📖 p. 106) do livro *Receita Previsível* (2ª edição), se necessário.

17.2. A seguir, defina como deve ser a "passagem de bastão" do SDR para o Executivo de Contas na sua empresa, usando as três formas sugeridas anteriormente e acrescentando outras que possam fazer sentido para o seu negócio.

PASSANDO O BASTÃO

FORMA	COMO FAZER
Hot-transfer	
Agendamento de ligação	
Envio de e-mail	

"As novas oportunidades de negócio geradas pelos SDRs não recebem o status de qualificadas até que o Executivo de Contas faça as suas próprias ligações para os *leads* e as requalifique."

AARON ROSS

AGRADECIMENTOS

Aaron Ross

Obrigado à minha esposa Jessica Ross e a todos os meus dez filhos. A minha família é tudo para mim, e tem sido a inspiração para eu escrever este e outros livros, e para sempre ser um pai, uma pessoa e um líder melhor.

AGRADECIMENTOS

Marcelo Amaral de Moraes

Todo empreendimento é resultado do conhecimento e do esforço de muitas pessoas, e com este livro não foi diferente.

Primeiramente quero agradecer à Rejane Dias, essa pessoa maravilhosa que entrou na minha vida e subverteu o meu futuro, para melhor. Obrigado por ter acreditado e apostado em mais essa ideia.

Ao inspirador Aaron Ross, essa personalidade admirável, gentil e sobretudo humana, que aceitou este desafio e permitiu que todo o seu conhecimento fosse a base deste livro.

A todos os meus colegas do Grupo Autêntica que contribuíram para que este projeto se concretizasse. Obrigado pelo cuidado, pelo capricho e pelo empenho em fazerem as coisas acontecerem.

Obrigado a todos os meus mestres e professores e, em especial, ao professor Marco Antônio Machado, que me batizou no mundo do marketing e das vendas.

Obrigado aos meus pais, sem os quais eu não teria chegado até aqui. O apoio e o incentivo de vocês é a base de tudo que construí.

Aos meus filhos Ana Luiza e Felipe, obrigado pela admiração e pelo carinho. O amor de vocês é o combustível para eu acordar motivado todos os dias.

Por fim, mas não menos importante, agradeço e dedico este livro à minha amada esposa Cristiane, companheira de todas as horas e sonhos, que viu este livro nascer e sempre acreditou mais em mim do que eu mesmo.

ACERVO DO AUTOR

AARON ROSS é autor *best-seller* na área de negócios, consultor, empreendedor e professor. Foi responsável pelo desenvolvimento da metodologia de vendas *outbound* que revolucionou o processo de vendas da Salesforce.com, levando-a a gerar mais de 100 milhões de dólares em vendas adicionais recorrentes, em relativamente pouco tempo. Atualmente, por meio de sua empresa de consultoria e treinamento, a Universidade Previsível, implementa essa metodologia em dezenas de empresas no Brasil, Estados Unidos, México, Reino Unido, entre outros países. Em eventos presenciais ou por meio de cursos on-line, Ross capacita milhares de dirigentes, gestores e profissionais de vendas em todo o mundo.

- ⬈ AaronRossGroup.com
- in LinkedIn.com/in/aaronross
- ⬈ Bigspeak.com/speakers/aaron-ross
- ✉ info@pebblestorm.com

ACERVO DO AUTOR

MARCELO AMARAL DE MORAES é consultor e professor nas áreas de estratégia, *marketing* e vendas desde 1995. É formado em Administração, especialista e mestre em Marketing, e doutorando em Letras/edição. Como consultor, liderou dezenas de projetos com foco no crescimento nos setores automotivo, bancário, imobiliário, *franchsing*, importação, de *softwares*, de plásticos, entre outros. Desde 2001, já atuou como professor de cursos de graduação, pós-graduação e *in company* na FDC (Fundação Dom Cabral), IBMEC e PUC. No ensino a distância, por meio da plataforma Udemy.com, atende a mais de 23.000 alunos em seus cursos de vendas e marketing. Na área editorial, é o editor responsável pelo selo Autêntica Business, tradutor, revisor técnico e preparador de textos.

- in Linkedin.com/in/marceloamaraldemoraes
- ▶ Youtube.com/c/ProfMarceloAmaral
- ⧉ Instagram.com/prof.marceloamaral
- ✉ marcelo@gruporota.com.br

Este livro foi composto com tipografia Adobe Garamond e
impresso em papel Off-White 80 g/m² na gráfica Santa Marta.